westermann

Andre Bruckner, Dorothee Reichert, Sabine Weißgerber

WiSo praktisch

Arbeitsheft

1. Auflage

Bestellnummer 23181

Die in diesem Produkt gemachten Angaben zu Unternehmen (Namen, Internet- und E-Mail-Adressen, Handelsregistereintragungen, Bankverbindungen, Steuer-, Telefon- und Faxnummern und alle weiteren Angaben) sind i. d. R. fiktiv, d. h., sie stehen in keinem Zusammenhang mit einem real existierenden Unternehmen in der dargestellten oder einer ähnlichen Form. Dies gilt auch für alle Kunden, Lieferanten und sonstigen Geschäftspartner der Unternehmen wie z. B. Kreditinstitute, Versicherungsunternehmen und andere Dienstleistungsunternehmen. Ausschließlich zum Zwecke der Authentizität werden die Namen real existierender Unternehmen und z. B. im Fall von Kreditinstituten auch deren IBANs und BICs verwendet.

Die Seiten dieses Arbeitshefts bestehen zu 100 % aus Altpapier.

Damit tragen wir dazu bei, dass Wald geschützt wird, Ressourcen geschont werden und der Einsatz von Chemikalien reduziert wird. Die Produktion eines Klassensatzes unserer Arbeitshefte aus reinem Altpapier spart durchschnittlich 12 Kilogramm Holz und 178 Liter Wasser, sie vermeidet 7 Kilogramm Abfall und reduziert den Ausstoß von Kohlendioxid im Vergleich zu einem Klassensatz aus Frischfaserpapier. Unser Recyclingpapier ist nach den Richtlinien des Blauen Engels zertifiziert.

Druck und Bindung: Westermann Druck GmbH, Georg-Westermann-Allee 66, 38104 Braunschweig

ISBN 978-3-427-23181-3

INHALTSVERZEICHNIS

PRÜFGEBIET

Jugendliche in Ausbildung und Beruf

1 Präsentation des Ausbildungsbetriebes – Rechtsrahmen zur Begründung eines Berufsausbildungsverhältnisses 5
1.1 Stellung des Betriebes in der Branche und in der Gesamtwirtschaft 5
1.2 Wandel von Berufen 8
1.3 Arbeitsbedingungen 11
1.4 Die Entgeltabrechnung 16

2 Das duale System: Rechte und Pflichten der Beteiligten 19

3 Rechte und Pflichten des Arbeitsverhältnisses 30
3.1 Arbeitsvertrag 30
3.2 Arbeitsrecht 33
3.3 Arbeitsgerichtsbarkeit 35
3.4 Arbeitsschutzvorschriften 36
3.5 Arbeitsplatzsicherheit 38

4 Möglichkeiten und Grenzen der betrieblichen Mitbestimmung: Partizipationsstrategien 40
4.1 Der Betriebsrat 40
4.2 Jugend- und Auszubildendenvertretung 49
4.3 Tarifvertragsparteien 52
4.4 Tarifvertrag 53
4.5 Tarifverhandlungen 54

5 Lebenslanges Lernen – Wandel der Arbeitswelt 56

6 Leben, Lernen und Arbeiten in Europa 58

PRÜFGEBIET

Nachhaltige Existenzsicherung

7 Grundzüge des Sozialversicherungssystems: Die Bedeutung für Individuum und Gesellschaft 62
7.1 Versicherungsprinzipien 62
7.2 Gesetzliche und private Vorsorge 65
7.3 Sozialversicherungen 68
7.4 Sozialgerichtsbarkeit 73

8 Zielkonflikte: Subsidiarität, Eigenverantwortung, Solidarität und Nachhaltigkeit im Zusammenhang mit sozialer Sicherung 75
8.1 Entwicklung und Probleme der sozialen Sicherung 75
8.2 Individuelle Vermögensbildung 77
8.3 Steuern und Transferleistungen des Staates 81

9 **Individuelle Lebensplanung und gesellschaftliches Umfeld: Selbstverantwortliches und unternehmerisches Denken als Perspektive der Berufs- und Lebensplanung** 83

PRÜFGEBIET

Unternehmen und Verbraucher in Wirtschaft und Gesellschaft sowie im Rahmen weltwirtschaftlicher Verflechtungen

10 **Unternehmensanalysen** 87
10.1 Aufgaben, Aufbau und Ziele von Betrieben und Unternehmen 87
10.2 Wirtschaftliche Verflechtungen 92
10.3 Rechtsformen am Beispiel einer Personen- und Kapitalgesellschaft 96

11 **Rolle der Verbraucher** 100
11.1 Bedürfnisse – Bedarf – Kaufkraft 100
11.2 Nachhaltigkeit des Verbrauchers 101
11.3 Überschuldung und Haushaltsplan 104
11.4 Rechtsgeschäfte 107
11.5 Kaufvertrag 110
11.6 Der Kreditvertrag 116
11.7 Verbraucherschutz 117

12 **Berufliche Entwicklung und Existenzsicherung: Die Unternehmensgründung** 121
12.1 Pflichten und Voraussetzungen für eine Unternehmensgründung: Individuelle, wirtschaftliche, rechtliche Aspekte 121

13 **Rolle der Bundesrepublik Deutschland in der Weltwirtschaft: Die Auswirkungen der weltwirtschaftlichen Arbeitsteilung** 126
13.1 Betriebliche und gesamtwirtschaftliche Arbeitsteilung 126
13.2 Globalisierung 128
13.3 Möglichkeiten und Grenzen der sozialen Marktwirtschaft 132

14 **Umweltschutz und Nachhaltigkeit** 134

15 **Digitalisierte Arbeitswelt** 138
15.1 Datenschutz und Datensicherheit im Betrieb 138
15.2 Urheberrecht und digitale Mediennutzung 140

Bildquellenverzeichnis 143

10–12

PRÜFGEBIET

Jugendliche in Ausbildung und Beruf

1 Präsentation des Ausbildungsbetriebes – Rechtsrahmen zur Begründung eines Berufsausbildungsverhältnisses

1.1 Stellung des Betriebes in der Branche und in der Gesamtwirtschaft

Einstiegssituation

Ella und Emil sind Geschwister. Ella macht jetzt eine Ausbildung zur Tischlerin, Emil lernt den Ausbildungsberuf des Feinmechanikers. Als sie am Wochenende ihre ehemaligen Klassenkameraden Semir und Ben treffen, berichten diese, dass Semir eine Ausbildung zum Kaufmann für Büromanagement bei einem Reifenhersteller und Ben eine Ausbildung zum Friseur macht. Sie stellen fest, dass ihre Ausbildungsbetriebe zu sehr unterschiedlichen Branchen und Sektoren gehören.

Arbeitsaufgaben

1. Kreuzen Sie jeweils an, ob es sich bei den folgenden Ausbildungsbetrieben um einen Produktionsbetrieb, einen Handwerksbetrieb, einen Dienstleistungsbetrieb oder einen Handelsbetrieb handelt.

Name des Ausbildungsbetriebes	Kerngeschäft des Betriebes	Produktionsbetrieb	Handwerksbetrieb	Dienstleistungsbetrieb	Handelsbetrieb
Tischlerei Oestreich e. K.	Herstellung von Küchen und Möbeln				
Industrietechnik und Industrieprodukte Schneider GmbH	Herstellung von Schaltschränken für die Industrie				
Emmas Haarkult	Haare schneiden und frisieren				
Nufall Logistics Group	Spedition und Bereitstellen von Lagerfläche				
Holzhandel Marco Seudter	Handel mit Brennholz und Pellets sowie Auslieferung der Ware				
Sprachenbüro Yes we can	Übersetzungen aller Sprachen				

S. 10–

Name des Ausbildungsbetriebes	Kerngeschäft des Betriebes	Produktionsbetrieb	Handwerksbetrieb	Dienstleistungsbetrieb	Handelsbetrieb
An- und Verkauf Schaaf GmbH	Handel mit Spielwaren				
Landwirt Sebastian Schmidt	Betreiben einer Landwirtschaft				
Heizung Sanitär Heller KG	Heizungs- und Sanitäranlagen einbauen, warten und pflegen				
Landgasthof Rinke e. K. – Hotel und Gasthof	Betreiben eines Hotels und Gasthofes				
F+E Solutions Kling e. K.	Forschung und Entwicklung von Weltraumfahrten				

2 Die deutsche Volkswirtschaft ist in Sektoren aufgeteilt.
Ordnen Sie die soeben genannten Ausbildungsbetriebe diesen Sektoren zu, indem Sie die richtigen Firmennamen in die richtige Spalte eintragen. Notieren Sie außerdem die jeweilige Begründung.

Primärer Sektor	Sekundärer Sektor	Tertiärer Sektor	Quartärer Sektor	Begründung

Primärer Sektor	Sekundärer Sektor	Tertiärer Sektor	Quartärer Sektor	Begründung

S. 10–

3 Erläutern Sie den Unterschied zwischen den Begriffen Branche und Wirtschaftssektor.

Branche =

Wirtschaftssektor =

1.2 Wandel von Berufen

Einstiegssituation

Katja unterhält sich mit ihrem Vater Heinrich. Der wird bald 85 Jahre alt und erzählt von seinem früheren Beruf als Waldarbeiter. „Wir mussten die kleinen Bäumchen per Hand einpflanzen und die großen Bäume auch per Hand fällen. Das war extrem harte Arbeit." Katja sagt: „Das kann ich mir gar nicht vorstellen. Heute ist das dank Digitalisierung bestimmt viel einfacher."

Arbeitsaufgaben

1 Kreuzen Sie jeweils an, ob die Aussage richtig oder falsch ist.

	Richtig	Falsch
Die Digitalisierung hat dafür gesorgt, dass neue Berufe entstehen.		
In den meisten Berufen sind PCs und das Internet nicht mehr wegzudenken.		

13–14

	Richtig	Falsch
Wenn man einmal den richtigen Beruf erlernt hat, muss man nie wieder etwas Neues dazulernen.		
Die Berufe des Wagners, Köhlers und Küfers sind heute immer noch sehr verbreitet.		
Die Berufe Kaufmann/Kauffrau im E-Commerce, Kaufmann/Kauffrau für Digitalisierungsmanagement oder Elektroniker/-in für Gebäudesystemintegration gibt es schon seit 103 Jahren.		
Oft werden nicht nur Inhalte des Berufes angepasst, sondern auch der Name.		

2 Nennen Sie 6 Berufe, die es heute nicht mehr oder kaum noch gibt.

Einstiegssituation

Ein Beispiel für den Wandel: Beruf Fotograf/-in

Peter ist 61 Jahre alt und mit Leib und Seele Fotograf. „Damals in meiner Lehre mussten wir noch viele schwere Geräte tragen, wenn wir einen Fototermin vor Ort hatten. Da gab es zunächst mal die Kamera – an sich schon ein Ungetüm, verglichen mit den heutigen Kameras. Dann brauchte man noch ein großes Blitzgerät sowie mehrere Wechselobjektive. In die Kamera selbst musste man einen Rollfilm einlegen, denn ohne Film konnte man keine Fotos aufnehmen. Oft sind wir auch mit einem großen, schweren Stativ unterwegs gewesen. Ob die Fotos gut geworden sind, hat man erst gesehen, wenn der Film entwickelt wurde. Auch hierfür brauchte man sehr viel Zubehör. Das Entwickeln der Fotos fand in der Dunkelkammer statt. Das war ein kleiner Raum, in den kein Licht fallen durfte, denn sonst wären die Fotos nichts geworden. Dort gab es Entwicklerflüssigkeit und Chemikalien, Laborzangen, eine Rotlichtlampe, einen Vergrößerer, einen Tisch und noch einiges mehr. Es war immer spannend, denn erst nach dem Entwickeln der Fotos konnte man sehen, ob sie gut gelungen waren. Viel Fotopapier wurde damals verbraucht und auch einige Fotos, die entwickelt waren, waren leider unbrauchbar.

Heute ist das zum Glück ganz anders. Wenn ich privat fotografiere, nutze ich nur noch mein Smartphone. Das macht so gute Bilder, dass ich eigentlich keine professionelle Kamera mehr brauche. Nur wenn ich beruflich fotografiere, nutze ich meine digitale Spiegelreflexkamera. Dann schnappe ich mir die Tasche mit der Digicam und düse los zum Kundentermin. Die Kamera ist viel kleiner und leichter als die von früher. Ich kann auch direkt auf dem Display der Kamera sehen, ob die Fotos gut geworden sind oder nicht. Wenn ich dann wieder zu Hause bin, starte ich mit der Nachbearbeitung der Fotos. Das ist dank meines Bildbearbeitungsprogrammes ganz einfach. Ich habe auch viele Kundinnen und Kunden auf der ganzen Welt, die mir ihre Fotos zum Bearbeiten zuschicken. Dann muss ich das Haus gar nicht mehr verlassen und arbeite ganz bequem von zu Hause aus."

S. 13–

Arbeitsaufgaben

1. Notieren Sie stichwortartig die Veränderungen des Berufes „Fotograf/-in“ aufgrund der Digitalisierung.

2. Der Wandel der Arbeitswelt bietet nicht nur Chancen, sondern auch Herausforderungen für den/die einzelne/-n Arbeitnehmer/-in.
Überlegen Sie gemeinsam mit einer Partnerin oder einem Partner, welche dies sind, und tragen Sie Ihre Ergebnisse in die folgende Tabelle ein.

Chancen	Herausforderungen

1.3 Arbeitsbedingungen

Einstiegssituation

Mia und Mathilde gehen noch schnell etwas Knabberzeug für die Party heute Abend einkaufen. Im Supermarkt bekommen sie ein Gespräch zwischen zwei Mitarbeiterinnen des Supermarktes mit:

Frau Lomp: „Oh man, ich bin heute dermaßen müde. Diese ständigen Überstunden machen mich ganz fertig. Gestern Abend musste ich bis 22 Uhr arbeiten und jetzt bin ich schon wieder hier. Dabei ist es gerade mal 10 Uhr am Vormittag.“

Frau Gerster: „Das stimmt. Momentan sind so viele Kolleginnen und Kollegen krank. Hoffentlich wird das bald besser. Aber wenigstens stimmt das Betriebsklima.“

Frau Lomp: „Ja, wenigstens das. Wenn das Betriebsklima nicht so toll hier bei uns wäre, wäre ich schon längst weg. Zum Glück stimmt auch die Bezahlung. Obwohl ein Leistungslohn manchmal nicht schlecht wäre.“

Arbeitsaufgaben

1. Finden Sie im folgenden Wortgitter diese Begriffe zum Thema Arbeitsbedingungen: *Betriebsklima, Bezahlung, Umgangsformen, Wertschätzung, Toleranz, Kommunikation, Solidarität, Angst, Unsicherheit, Misstrauen, Mobbing, Arbeitszeit, Entlohnung.*

   Die Begriffe können waagrecht, senkrecht und diagonal zu finden sein.

N	K	M	T	V	Y	P	I	Y	E	M	G	E	H	L	Y	A	W	Z	Q	N	Z
D	E	U	E	N	B	B	T	C	C	N	U	N	W	W	E	L	I	D	T	G	O
O	O	W	X	X	L	B	L	H	X	H	C	V	D	E	N	Y	F	B	O	B	E
T	O	Y	F	R	B	U	M	G	A	N	G	S	F	O	R	M	E	N	L	D	N
T	E	X	T	R	E	E	D	C	R	Q	K	S	D	S	A	N	G	U	E	G	N
M	B	U	W	S	T	J	I	A	B	C	B	O	B	E	A	S	B	E	R	N	I
I	E	N	E	V	R	C	Y	Y	E	F	S	L	X	L	C	V	E	B	A	M	W
S	Z	S	F	Q	I	I	J	I	I	P	W	I	G	W	Q	T	N	R	N	O	C
S	A	I	C	U	E	H	V	E	T	P	L	D	E	A	D	F	T	U	Z	B	L
T	H	C	T	L	B	E	X	C	S	D	H	A	W	W	U	K	L	C	M	B	W
R	L	H	O	M	S	O	B	O	Z	C	U	R	V	A	I	O	O	J	W	I	U
A	U	E	N	K	K	W	U	V	E	W	Y	I	U	M	E	M	H	A	I	N	U
U	N	R	F	J	L	X	U	N	I	R	A	T	Z	M	Y	M	N	Q	K	G	A
E	G	H	R	R	I	C	J	T	T	X	N	Ä	V	K	G	U	U	C	I	V	N
N	Q	E	N	Q	M	U	V	V	Y	J	I	T	S	H	M	N	N	N	E	S	G
Q	S	I	O	F	A	E	R	L	D	J	M	P	W	D	C	I	G	L	M	L	S
E	Z	T	S	K	J	Q	V	O	H	K	X	Y	S	A	E	K	D	P	E	N	T
X	W	E	R	T	S	C	H	Ä	T	Z	U	N	G	O	A	A	S	I	H	V	B
B	N	O	M	O	C	R	T	I	C	B	N	L	I	V	P	T	X	J	E	R	R
C	P	H	C	S	D	Y	U	H	C	W	K	L	Y	A	H	I	G	H	P	K	S
P	P	H	Y	D	U	P	V	O	T	U	I	L	G	H	D	O	X	L	Q	Q	X
D	W	M	B	F	A	J	X	B	R	M	X	W	M	G	B	N	T	F	X	I	W

S. 14–1

2 **Die Entlohnung**

Grundsätzlich werden die drei Lohnformen Zeitlohn, Akkordlohn und Prämienlohn unterschieden. Ordnen Sie jeweils die Beispiele durch Ziehen von Linien den Lohnformen zu.

- Sabine ist Angestellte bei einer Versicherung. Für jede abgeschlossene Versicherung erhält sie einen finanziellen Bonus.
- Kevin ist beim Deutschen Fußballbund angestellt und trainiert dort die Kinder im Alter von 7–9 Jahren im Fußballsport. Pro Arbeitsstunde erhält er 22,00 € brutto.
- Anni ist Studentin und arbeitet in den Semesterferien in einer Schuhfabrik. Pro ausgestanzter Schuhsohle erhält sie 0,50 Cent.
- Katja arbeitet als Malermeisterin in einem Malerbetrieb. Mit ihrem Chef hat sie vereinbart, dass sie eine Prämie von 500,00 € bekommt, wenn sie bei der Großbaustelle im Nachbarort schneller fertig ist als die Elektriker und somit eine neue Großbaustelle früher anfangen kann.
- Sven-Nico arbeitet als Dachdecker. Jeden Tag ist er auf Baustellen und deckt die Dächer mit Ziegeln oder repariert diese.

____

____

____

3 Ergänzen Sie den folgenden Text, indem Sie die Lücken ausfüllen.

Termin-, Gesamtlohn, Stückzahl (2x), motiviert, Akkordlohn, Arbeitsstunden, Mindestlohn, Arbeitsleistung, Qualitäts-, Akkordzuschlag, Zeitlohn, Arbeitstagen, Mengen-, Akkordsatz, Prämienlohn.

Beim ______________________ wird dem Arbeitnehmer/der Arbeitnehmerin ein zusätzliches Entgelt für erbrachte oder besondere Leistungen gezahlt. Der Grundlohn bleibt in der Regel gleich. Die Mitarbeiterinnen und Mitarbeiter sind in der Regel sehr __________________, die Prämie zu erhalten, und leisten daher mehr als die Grundanforderung. Beispiele für Prämienarten sind: ______________________prämie, __________________prämie, __________________prämie.

Prämienlohn wird gerne genommen, wenn der Akkordlohn nicht infrage kommt, aber dennoch leistungsgerecht entlohnt werden soll.

Der ______________________ ist abhängig von der geleisteten Arbeitsmenge und kann somit von Monat zu Monat unterschiedlich sein. Der Arbeitnehmer/die Arbeitnehmerin kann seinen/ihren Monatslohn durch gute ________________________ erhöhen. Diese Lohnform wird oft in den Unternehmen gezahlt, die eine hohe ____________________ produzieren. Der Lohn setzt sich zusammen aus dem ______________________ und dem _________________________. Teilt man dieses Ergebnis, den Stundenlohn, durch die produzierte ___________________, erhält man den sogenannten ______________________. Das ist der Lohn pro Stück.

Beim __________________ hingegen wird nicht pro geleisteter Stückzahl, sondern nach Anwesenheitszeit bezahlt. Dieser Lohn ist unabhängig von der geleisteten Arbeit. Der Stundenlohn wird mit den _________________________ pro Tag und den ______________________ multipliziert, sodass sich am Monatsende der ______________________ ergibt.

4 Alle drei Lohnformen haben jeweils Vor- und Nachteile, sowohl für den Arbeitgeber als auch den Arbeitnehmer.
Ergänzen Sie die Tabellen.

Zeitlohn	
Vorteile	**Nachteile**

Akkordlohn	
Vorteile	**Nachteile**

S. 14–

Prämienlohn	
Vorteile	**Nachteile**

5 Die Personalverwaltung der SaMa GmbH, einer Firma für Solarmodule, zeigt folgenden Auszug für Berti Paul:

Name: Paul, Berti	Lohn: Akkordlohn	Abrechnungsmonat: Oktober 2023
geleistete Arbeitsmenge in Stück:		
KW (Kalenderwoche) 31	278	
KW 32	211	
KW 33	199	
KW 34	289	
Gesamtstückzahl im Abrechnungsmonat:	977	
Sonstiges:	–	

Berechnen Sie den Lohn für Berti Paul. Er erhält einen tariflichen Grundlohn von 14,80 € pro Stunde und einen Akkordzuschlag von 16 %. Die Normalleistung liegt bei 5 Solarmodulen pro Stunde.

6 Für die Mitarbeiterin Susanne Maffa liegt bei der SaMa GmbH folgender Auszug aus der Personalverwaltungssoftware vor:

Name: Maffa, Susanne	Lohn: Zeitlohn + Prämie	Abrechnungsmonat: August 2023
geleistete Arbeitsstunden:		
KW (Kalenderwoche) 31	50	
KW 32	48	
KW 33	40	
KW 34	62	
Gesamtstunden im Abrechnungsmonat:	200	
Sonstiges:	Alle Termine wurden stets eingehalten.	

Berechnen Sie den Lohn für Susanne Maffa. Der Lohn pro Stunde liegt bei 13,20 €. Für absolute Termintreue erhält Frau Maffa im Abrechnungsmonat eine Prämie in Höhe von 190,00 €.

7 Thilo Sturtz ist als Monteur ebenso bei der SaMa GmbH beschäftigt. Er bekommt stets einen fixen Grundlohn von 2.500,00 €. Seine Chefin legt sehr viel Wert auf hochwertige, saubere und qualitativ gute Arbeit, daher bekommen Thilo und seine Kolleginnen und Kollegen in der Montage eine Qualitätsprämie von 200,00 € pro abgeschlossenem Auftrag. Da im August ein hoher Krankenstand herrschte, musste Thilo für drei Tage in der Produktion aushelfen. Dort wird Akkordlohn gezahlt.

Name: Sturtz, Thilo	Lohn: Zeitlohn + Prämie + Akkordlohn	Abrechnungsmonat: August 2023
Grundlohn (fix):	2.500,00 €	
geleistete Arbeitsmenge in Stück:		
14.08.23	45	
15.08.23	57	
16.08.23	49	
Gesamtstückzahl in der Produktion im Abrechnungsmonat:	151	
Sonstiges:	Für die drei Arbeitstage in der Produktion wird ein Akkordlohn gezahlt.	Anzahl der abgeschlossenen Aufträge: 2

Berechnen Sie den Lohn für Thilo Sturtz. Er erhält einen tariflichen Grundlohn von 14,00 € pro Stunde und einen Akkordzuschlag von 19,5 %. Die Normalleistung liegt bei 5 Solarmodulen pro Stunde.

S. 14–

1.4 Die Entgeltabrechnung

Einstiegssituation

Paul ist im 1. Lehrjahr zum Zweiradmechaniker und hat seine erste Lohnabrechnung bekommen. Darauf kann er erkennen, welcher Betrag ihm auf sein Konto ausgezahlt wird. Aber es stehen auch jede Menge andere Zahlen darauf und so ganz blickt Paul nicht durch. Woher stammen all diese Zahlen? Weil er sich nicht traut, seinen Chef danach zu fragen, geht er zu seinem Patenonkel Klaus. Er kann zum Glück helfen und erklärt Paul die Entgeltabrechnung.

Arbeitsaufgaben

1. Erläutern Sie den Unterschied zwischen dem Brutto- und dem Nettolohn.

2. In welche Steuerklasse werden die folgenden Arbeitnehmer und Arbeitnehmerinnen eingestuft?

Name	Steuerklasse
Anja Schneider, verheiratet, zwei Kinder, ihr Mann arbeitet nicht	
Max Weber, geschieden, drei Kinder	
Katja Müller, Akademikerin, verdient deutlich mehr als ihr Ehemann, der in Steuerklasse III ist	
Julius Fuchs, verwitwet, keine Kinder	

19–24

Name	Steuerklasse
Sabine Rombach, alleinerziehend und ledig	
Mark Mölig, hat mehrere Arbeitgeber	
Ingeborg Lachmundt, verdient in etwa dasselbe wie ihr Ehemann	
Mathilde Heun, verheiratet, ihr Ehemann ist in Steuerklasse V	

3 Frieda Weiß, 26 Jahre alt, hat als Lackiererin in einer Autowerkstatt einen Bruttolohn von 2.784,00 €. Sie hat keine Kinder. Füllen Sie die folgende Tabelle aus.

Bruttogehalt 2784,00 €	Gesetzliche Sozialversicherung	Beitrag in %	Arbeitnehmerbeitrag in Euro	Arbeitgeberbeitrag in Euro
	Krankenversicherung			
	____________ versicherung			
	Rentenversicherung			
	____________ versicherung			

3 Notieren Sie mithilfe des Schulbuches das Schema zur Berechnung der Lohnabrechnung. Markieren Sie dabei auch, was davon zu den Sozialversicherungsbeiträgen und was zu den Steuerabzügen gehört.

____

____

____

____

____

____

____

____

____

S. 19–

4 Luis Krawinka (20 Jahre alt) ist bei einem Automobilhersteller als Karosseriebauer beschäftigt. Er hat einen Stundenlohn von 15,20 €. Im letzten Monat hat er 200 Stunden gearbeitet. Dazu kamen 4 Überstunden am Sonntag, für die Luis zusätzlich zum Stundenlohn einen Sonntagszuschlag von 18 % erhielt. Lohnsteuer muss Luis 165,99 € zahlen, Solidaritätszuschlag keinen. Er wohnt in Hessen und hat keine Kinder.

a) Ermitteln Sie den Bruttolohn für Luis.

b) Ermitteln Sie den Nettolohn für Luis.

2 Das duale System – Rechte und Pflichten der Beteiligten

Einstiegssituation

Die 17-jährige Marilena ist im ersten Ausbildungsjahr zur Ofen- und Luftheizungsbauerin bei der Firma Kachelofenbau Jung KG. Da sie Kachelöfen liebt und sich auch sehr für deren Gestaltung interessiert, hat sie sich für diese Ausbildung entschieden. An einem Tag auf der Baustelle kommt sie mit ihrem Kollegen Fritz ins Gespräch. Dieser hat vor Kurzem seine Ausbildung beendet. Er behauptet, sie brauche ihr Werkzeug nicht jeden Abend sauber zu machen, denn am nächsten Tag würde es ja sowieso wieder schmutzig werden. Er selbst habe das auch nie gemacht. Marilena wundert sich etwas und fragt sich, ob sie jeden Tag umsonst ihre Werkzeuge säubert?

§

Berufsbildungsgesetz
Pflichten der Auszubildenden

§ 13 Verhalten während der Berufsausbildung
Auszubildende haben sich zu bemühen, die berufliche Handlungsfähigkeit zu erwerben, die zum Erreichen des Ausbildungsziels erforderlich ist. Sie sind insbesondere verpflichtet,
1. die ihnen im Rahmen ihrer Berufsausbildung aufgetragenen Aufgaben sorgfältig auszuführen,
2. an Ausbildungsmaßnahmen teilzunehmen, für die sie nach § 15 freigestellt werden,
3. den Weisungen zu folgen, die ihnen im Rahmen der Berufsausbildung von Ausbildenden, von Ausbildern oder Ausbilderinnen oder von anderen weisungsberechtigten Personen erteilt werden,
4. die für die Ausbildungsstätte geltende Ordnung zu beachten,
5. Werkzeug, Maschinen und sonstige Einrichtungen pfleglich zu behandeln,
6. über Betriebs- und Geschäftsgeheimnisse Stillschweigen zu wahren,
7. einen schriftlichen oder elektronischen Ausbildungsnachweis zu führen.

Pflichten der Ausbildenden

§ 14 Berufsausbildung
(1) Ausbildende haben
1. dafür zu sorgen, dass den Auszubildenden die berufliche Handlungsfähigkeit vermittelt wird, die zum Erreichen des Ausbildungsziels erforderlich ist, und die Berufsausbildung in einer durch ihren Zweck gebotenen Form planmäßig, zeitlich und sachlich gegliedert so durchzuführen, dass das Ausbildungsziel in der vorgesehenen Ausbildungszeit erreicht werden kann,
2. selbst auszubilden oder einen Ausbilder oder eine Ausbilderin ausdrücklich damit zu beauftragen,
3. Auszubildenden kostenlos die Ausbildungsmittel, insbesondere Werkzeuge, Werkstoffe und Fachliteratur zur Verfügung zu stellen, die zur Berufsausbildung und zum Ablegen von Zwischen- und Abschlussprüfungen, auch soweit solche nach Beendigung des Berufsausbildungsverhältnisses stattfinden, erforderlich sind,
4. Auszubildende zum Besuch der Berufsschule anzuhalten,
5. dafür zu sorgen, dass Auszubildende charakterlich gefördert sowie sittlich und körperlich nicht gefährdet werden.

(2) Ausbildende haben Auszubildende zum Führen der Ausbildungsnachweise nach § 13 Satz 2 Nummer 7 anzuhalten und diese regelmäßig durchzusehen. Den Auszubildenden ist Gelegenheit zu geben, den Ausbildungsnachweis am Arbeitsplatz zu führen.

(3) Auszubildenden dürfen nur Aufgaben übertragen werden, die dem Ausbildungszweck dienen und ihren körperlichen Kräften angemessen sind.

S. 26

§ 15 Freistellung, Anrechnung

(1) Ausbildende dürfen Auszubildende vor einem vor 9 Uhr beginnenden Berufsschulunterricht nicht beschäftigen. Sie haben Auszubildende freizustellen

1. für die Teilnahme am Berufsschulunterricht,
2. an einem Berufsschultag mit mehr als fünf Unterrichtsstunden von mindestens je 45 Minuten, einmal in der Woche,
3. in Berufsschulwochen mit einem planmäßigen Blockunterricht von mindestens 25 Stunden an mindestens fünf Tagen,
4. für die Teilnahme an Prüfungen und Ausbildungsmaßnahmen, die auf Grund öffentlich-rechtlicher oder vertraglicher Bestimmungen außerhalb der Ausbildungsstätte durchzuführen sind, und
5. an dem Arbeitstag, der der schriftlichen Abschlussprüfung unmittelbar vorangeht.

Im Fall von Satz 2 Nummer 3 sind zusätzliche betriebliche Ausbildungsveranstaltungen bis zu zwei Stunden wöchentlich zulässig.

(2) Auf die Ausbildungszeit der Auszubildenden werden angerechnet

1. die Berufsschulunterrichtszeit einschließlich der Pausen nach Absatz 1 Satz 2 Nummer 1,
2. Berufsschultage nach Absatz 1 Satz 2 Nummer 2 mit der durchschnittlichen täglichen Ausbildungszeit,
3. Berufsschulwochen nach Absatz 1 Satz 2 Nummer 3 mit der durchschnittlichen wöchentlichen Ausbildungszeit,
4. die Freistellung nach Absatz 1 Satz 2 Nummer 4 mit der Zeit der Teilnahme einschließlich der Pausen und
5. die Freistellung nach Absatz 1 Satz 2 Nummer 5 mit der durchschnittlichen täglichen Ausbildungszeit.

(3) Für Auszubildende unter 18 Jahren gilt das Jugendarbeitsschutzgesetz.

§ 16 Zeugnis

(1) Ausbildende haben den Auszubildenden bei Beendigung des Berufsausbildungsverhältnisses ein schriftliches Zeugnis auszustellen. Die elektronische Form ist ausgeschlossen. Haben Ausbildende die Berufsausbildung nicht selbst durchgeführt, so soll auch der Ausbilder oder die Ausbilderin das Zeugnis unterschreiben.

(2) Das Zeugnis muss Angaben enthalten über Art, Dauer und Ziel der Berufsausbildung sowie über die erworbenen beruflichen Fertigkeiten, Kenntnisse und Fähigkeiten der Auszubildenden. Auf Verlangen Auszubildender sind auch Angaben über Verhalten und Leistung aufzunehmen.

Arbeitsaufgaben

1 Notieren Sie anhand des vorliegenden Gesetzesauszuges die Pflichten eines Auszubildenden und die eines Ausbildenden in der folgenden Tabelle.

Pflichten der Auszubildenden (nach § 13 BBiG)	Pflichten der Ausbildenden (nach § 14 BBiG)

Pflichten der Auszubildenden (nach § 13 BBiG)	Pflichten der Ausbildenden (nach § 14 BBiG)

2 Überlegen Sie sich zu jeweils vier der genannten Punkte ein konkretes Beispiel aus der Praxis und notieren Sie es hier.

S. 26

3 Erläutern Sie anhand der vorherigen Aufgabe, ob Marilena oder Fritz alles richtig machen bezüglich des Werkzeuges (siehe Einstiegssituation).

4 Erläutern Sie, warum die Berufsausbildung in Deutschland meist im sogenannten „dualen System“ stattfindet und was dies bedeutet.

5 Notieren Sie Beispiele für Ausbildungsberufe, die nicht im dualen System ausgebildet werden.

S. 26–

6 Ergänzen Sie das folgende Schaubild.

Auszubildende/-r

7 Nennen Sie die wichtigsten Punkte, die laut Berufsbildungsgesetz in einem Ausbildungsvertrag enthalten sein müssen.

8 Welcher Vertragsbestandteil eines Ausbildungsvertrags gehört nicht zu den gesetzlich vorgeschriebenen Inhalten, kann aber freiwillig in den Vertrag aufgenommen werden? Tragen Sie Ihr Ergebnis in das vorgesehene Kästchen ein.

1 Dauer der Probezeit
2 Dauer des Urlaubs
3 Beginn der Berufsausbildung
4 Dauer der Berufsausbildung
5 Garantie der Übernahme nach erfolgreich bestandener Abschlussprüfung
6 Dauer der täglichen Arbeitszeit

9 Rosa Blume hat erfolgreich den Bewerbungsprozess bei der Hausgeräte Schneider GmbH & Co. KG durchlaufen und hat bereits ihren Ausbildungsvertrag unterschrieben. Sie wird am 01.09.2025 eine Ausbildung zur Mechatronikerin anfangen. Im Vertrag wurde die gesetzlich maximal mögliche Probezeit vereinbart. Stellen Sie fest, an welchem Tag die Probezeit von Frau Blume endet, und tragen Sie Ihr Ergebnis in das vorgesehene Kästchen ein.

1. 31.12.2025
2. 31.12.2026
3. 31.10.2025
4. 30.11.2025
5. 01.11.2025

10 Entscheiden Sie für jede Aussage, ob diese richtig oder falsch ist. Nehmen Sie bei einer falschen Aussage die Korrektur vor und schreiben Sie diese auf die vorgesehenen Linien.

Am Anfang eines Ausbildungsverhältnisses gibt es immer eine Probezeit.

Die Probezeit muss mindestens einen und höchstens sechs Monate lang sein.

Der Ausbildungsvertrag wird stets zwischen dem Ausbilder und dem Ausbildenden abgeschlossen.

S. 26–

Der Besuch der Berufsschule ist freiwillig. Bei besonders guten Ausbildungsleistungen ist er nicht erforderlich.

Der Ausbildungsrahmenplan stellt eine sachliche und zeitliche Gliederung der Berufsausbildung dar und wird vom Betrieb erstellt.

In einer Ausbildungsordnung werden bundeseinheitliche Standards für die betriebliche Ausbildung in einem anerkannten Ausbildungsberuf festgelegt.

Jeder Ausbildungsbetrieb schreibt den Ausbildungsplan selbst.

Die Rahmenlehrpläne werden von den Ausbildungsbeauftragten im Betrieb beschlossen und alle Auszubildenden müssen sich daran halten.

Für die Berufsausbildung im Handwerk gilt neben dem Berufsbildungsgesetz noch das sogenannte Gesetz zur Ordnung des Handwerks.

26–36

Die Handwerksordnung gilt für alle gewerblich-technischen und kaufmännischen Auszubildenden.

____

____

____

11 Ein Auszubildender hat während seiner Ausbildung bestimmte Rechte und Pflichten. Außerdem gibt es verschiedene Prozesse und Abläufe im Ausbildungsbetrieb.
Tragen Sie hinter jeder Aussage ein, ob es sich dabei um die Rechtsgrundlage des Berufsbildungsgesetzes, der Ausbildungsordnung oder keines der beiden handelt. Nehmen Sie, wenn nötig, das Internet zu Recherchezwecken zur Hilfe.

Der Ausbildungsbetrieb muss seine Auszubildenden für den Besuch der Berufsschule freistellen.

____

Die Ausbildungsdauer für die Ausbildung zum/zur Bäcker/-in beträgt 3 Jahre.

____

Eine Auszubildende darf ihre Ausbildung nicht bei der Max Primus AG absolvieren, wenn ihr Vater dort Geschäftsführer ist.

____

Jeder Ausbildungsvertrag ist von folgenden Personen zu unterschreiben: dem/der Auszubildenden, dem/der Ausbildenden und deren gesetzlichen Vertretern.

____

Der Mindestanspruch an Urlaub beträgt 24 Tage.

____

12 Kreuzen Sie an, welcher der beiden Partner der dualen Berufsausbildung die folgenden Vorschriften braucht und nutzt.

Vorschrift	Berufsschule	Betrieb
Ausbildungsrahmenplan		
Ausbildungsordnung		
Berufsbildungsgesetz		
Rahmenlehrplan		
Ausbildungsplan		

S. 26–3

13 Ordnen Sie die folgenden Ausbildungsberufe den nachfolgend abgebildeten zuständigen Stellen zu:

1 Tischler/-in
2 Beton- und Stahlbetonbauer/-in
3 Kauffrau/-mann für Büromanagement
4 Kauffrau/-mann für Spedition und Logistikdienstleistung
5 Automobilkauffrau/-mann
6 Steuerfachangestellte/-r
7 Steinmetz/-in und Steinbildhauer/-in
8 Rechtsanwalts- und Notarfachangestellte/-r
9 Konditor/-in
10 Schornsteinfeger/-in

14 Welcher zuständigen Stelle musste Ihr Ausbildungsbetrieb Ihren Ausbildungsvertrag vorlegen? Ziehen Sie bei Bedarf Ihren Ausbildungsvertrag zurate. Tauschen Sie sich diesbezüglich mit Ihren Klassenkameradinnen und Klassenkameraden aus.

26–36

15 Der 20-jährige Peter Tran möchte eine Ausbildung zum Fliesen-, Platten- und Mosaikleger machen und schließt mit der FFD EWAG in Fulda, einem mittelständischen Unternehmen in der Fliesenbranche, einen Ausbildungsvertrag.
Bei welcher Einrichtung muss die FFD EWAG eine Ausfertigung des Vertrags einreichen? Tragen Sie Ihr Ergebnis in das vorgesehene Kästchen ein.

1 Bei der Agentur für Arbeit in Fulda
2 Bei der zuständigen Berufsschule
3 Bei der Berufsgenossenschaft
4 Bei der zuständigen Kammer
5 Beim Amtsgericht
6 Bei der Vorsitzenden des Fliesenlegerverbandes

☐

S. 38–

3 Rechte und Pflichten des Arbeitsverhältnisses

3.1 Arbeitsvertrag

Einstiegssituation

Sina und Maja sind Schwestern. Sina macht seit wenigen Wochen eine Ausbildung zur Malerin und Lackiererin. Ihre Schwester Maja beendet nächstes Jahr die Schule und will dann eine Ausbildung zur Steinbildhauerin anfangen. Beim Abendessen unterhalten sie sich:

Sina: „Heute hatten wir Berufsschule. Wir haben mit einem neuen Thema angefangen, dem Arbeitsrecht. Dafür muss ich meinen Ausbildungsvertrag mit in die Schule bringen."

Maja: „Echt? Wieso denn das? Das geht doch keinen etwas an."

Sina: „Stimmt, aber ich muss ihn ja auch nicht der ganzen Klasse zeigen. Wir sollen anhand des Vertrags herausfinden, ob alles zum Thema Arbeitsrecht richtig vereinbart wurde. Zum Beispiel, ob ich genug Urlaubstage habe und so."

Maja: „Okay, das hört sich kompliziert an. Wenn ich mir diesen seitenlangen Ausbildungsvertrag so anschaue, versteht doch kein Mensch, was da drin steht …"

Arbeitsaufgaben

1. Ergänzen Sie den folgenden Lückentext mit folgenden Begriffen:
Berufsbildungsgesetzes, mündlich (2x), Arbeitsvertrag, schriftlich (2x), stillschweigend, wirksam.

Ein ______________________ muss nicht zwingend ____________________ abgeschlossen werden. Dies kann auch ____________________ geschehen. Ein ____________________ geschlossener Arbeitsvertrag ist genauso ____________________ wie ein schriftlich geschlossener. Es ist auch möglich, dass ein Arbeitsvertrag am Ende einer Berufsausbildung ______________________ zustande kommt. Das ist im § 24 des ______________________________ geregelt. In der Regel werden Arbeitsverträge aber ____________________ geschlossen.

2. Erläutern Sie, was es mit dem Nachweisgesetz auf sich hat. Nehmen Sie den QR-Code zur Hilfe.

____

____

____

____

https://www.gesetze-im-internet.de/nachwg/BJNR094610995.html

3 Überlegen und notieren Sie sich Inhalte, die Sie persönlich in einem Arbeitsvertrag festhalten würden. Vergleichen Sie anschließend Ihre Ideen mit dem Nachweisgesetz. Dieses steht im Internet zur Verfügung.

S. 38-

4 Wie lauten die Mindestvereinbarungen beim Abschluss eines Praktikantenvertrags? Nehmen Sie hierfür ebenfalls das Nachweisgesetz zu Hilfe.

5 Bei der Ausgestaltung des Inhaltes eines Arbeitsvertrags sind die Vertragspartner grundsätzlich frei. Die getroffenen Vereinbarungen müssen aber den Gesetzen in Deutschland entsprechen. Notieren Sie, zu welchen Themen es in Deutschland gesetzliche Regelungen bezüglich eines Arbeitsvertrags gibt.

3.2 Arbeitsrecht

Einstiegssituation

Ihre Freundin Clara bittet Sie um Hilfe. Sie war vor drei Tagen bei einem Vorstellungsgespräch und hat eine Zusage bekommen. Im nächsten Jahr wird sie eine Ausbildung zur Brauerin bei der Brauerei Mombacher beginnen. Bevor Clara ihren Ausbildungsvertrag unterschreibt, möchte sie ihren Anspruch auf Jahresurlaub wissen. Gemeinsam surfen Sie im Internet und stoßen auf das Bundesurlaubsgesetz.

Arbeitsaufgaben

1. Ermitteln Sie mithilfe des vorliegenden Auszuges aus dem Bundesurlaubsgesetz die Anzahl der Arbeitstage, die Clara mindestens zustehen.

§

Bundesurlaubsgesetz

§ 1 Urlaubsanspruch
Jeder Arbeitnehmer hat in jedem Kalenderjahr Anspruch auf bezahlten Erholungsurlaub.

§ 2 Geltungsbereich
Arbeitnehmer im Sinne des Gesetzes sind Arbeiter und Angestellte sowie die zu ihrer Berufsausbildung Beschäftigten. Als Arbeitnehmer gelten auch Personen, die wegen ihrer wirtschaftlichen Unselbständigkeit als arbeitnehmerähnliche Personen anzusehen sind; für den Bereich der Heimarbeit gilt § 12.

§ 3 Dauer des Urlaubs
(1) Der Urlaub beträgt jährlich mindestens 24 Werktage.
(2) Als Werktage gelten alle Kalendertage, die nicht Sonn- oder gesetzliche Feiertage sind.

2. Was versteht man unter dem Begriff Arbeitsrecht?

3. Notieren Sie, welche der Ihnen bekannten Gesetze zum Arbeitsrecht gehören.

S. 41-

4. Die Gesetze zum Schutz des Arbeitsrechts betreffen sowohl alle Arbeitnehmerinnen und Arbeitnehmer als auch nur bestimmte Personengruppen.
Ergänzen Sie die folgende Übersicht.

Gesetz für bestimmte Arbeitnehmer/-innen	Gesetz für alle Arbeitnehmer/-innen

5. Eine Kündigung vonseiten des Arbeitgebers kann grundsätzlich 3 Gründe haben.
Überlegen Sie gemeinsam mit Ihrem Sitznachbarn oder Ihrer Sitznachbarin, welche konkreten Beispiele zur jeweiligen Kündigung von Unternehmensseite geführt haben können.

Art der Kündigung	Gründe
personenbedingte Kündigung	z. B. unzureichende Qualifikation, ...
verhaltensbedingte Kündigung	z. B. Unehrlichkeit, ...

8–50

Art der Kündigung	Gründe
betriebsbedingte Kündigung	z. B. Stilllegung von Betriebsteilen/Abteilungen, ...

3.3 Arbeitsgerichtsbarkeit

Einstiegssituation

Julian hat aufgrund eines Krankenhausaufenthaltes in den letzten zwei Wochen in der Berufsschule gefehlt. Als er seinen Berufsschulfreund Karim anruft, berichtet dieser ihm, dass die Arbeitsgerichtsbarkeit Thema war. Julian möchte wissen, was es damit auf sich hat. Karim überlegt und nennt ein paar Punkte.

Arbeitsaufgaben

1. Welche Aussage trifft nicht zu? Tragen Sie die Nummer in das Feld rechts ein.

   1 Hält der Arbeitnehmer eine Kündigung für nicht gerechtfertigt, kann er/sie vor dem Arbeitsgericht klagen.
   2 Das Bundesarbeitsgericht hat seinen Sitz in Potsdam.
   3 Es gibt mehrere Arbeitsgerichte in Deutschland.
   4 Ein Beispiel für Streitigkeiten zwischen Arbeitgeber und Arbeitnehmer, bei denen das Arbeitsgericht zuständig ist, ist z. B. Streit zum Thema Lohn/Gehalt.
   5 Je nach Arbeitsort ist ein entsprechend anderes Arbeitsgericht zuständig.
   6 Insgesamt gibt es 3 Instanzen bei der Arbeitsgerichtsbarkeit.

2. Nennen Sie Beispiele für Streitigkeiten zwischen Arbeitgeber und Arbeitnehmer, bei denen das Arbeitsgericht zuständig ist:

S. 51

3.4 Arbeitsschutzvorschriften

Einstiegssituation

Ludmilla ist Auszubildende zur Goldschmiedin und hat sich heute am Arbeitsplatz mit der Pfeile am Arm verletzt. Ihre Ausbilderin sagt, sie solle besser zum Arzt gehen. Ludmilla verlässt daraufhin ihren Arbeitsplatz eine Stunde früher und geht zu ihrem Hausarzt. In der Praxis will bereits die Sprechstundenhilfe wissen: „Wo ist denn das passiert? Zuhause oder auf der Arbeit?"

1. Was versteht man unter einem Wegeunfall?

2. Notieren Sie konkrete Beispielsituationen für Wegeunfälle.

3 Was versteht man unter einem Arbeitsunfall?

____

4 Notieren Sie zwei konkrete Beispiele für Berufskrankheiten.

____

____

____

____

5 Ergänzen Sie den folgenden Text, indem Sie die richtigen Fachbegriffe einfügen:
Arbeitssicherheitsgesetz (2 x), Dienst, Mitarbeiter, erfordern, beseitigt, Mindestanforderungen, Mitarbeiterinnen, schützen, richtiges, geschützt, Toiletten, Schutzvorschriften, Betriebsarzt, Gefahren, Betrieben (2 x), Arbeitgeber, Baubranche.

Das ______________ gibt es, um die Mitarbeiterinnen und Mitarbeiter vor ______________ am Arbeitsplatz zu ______________. Es gilt in allen gewerblichen ______________, in kaufmännischen ______________, im öffentlichen ______________, in der Land- und Forstwirtschaft, auf Anlagen in der Wirtschaftszone vor der deutschen Küste und in den freien ______________. Das Arbeitsschutzgesetz sieht vor, dass der ______________ Erste-Hilfe-Maßnahmen treffen muss. Außerdem muss er seine ______________ und ______________ unterweisen. Das bedeutet, dass er sie vor besonderen Gefahren am Arbeitsplatz warnt und ______________ Verhalten lehrt. Im ______________ steht, dass jeder Arbeitgeber einen ______________ oder eine Fachkraft für Arbeitssicherheit bereitzustellen hat, wenn es Betriebsart, damit verbundene Gefahren, die Organisation oder die Zusammensetzung der Mitarbeiter ______________. Betriebsärzte und Fachkräfte für Arbeitssicherheit sollen den Arbeitgeber beim Gesundheitsschutz ______________. Die Arbeitsstättenverordnung umfasst ______________ an Sicherheit und Gesundheitsschutz, die ein Arbeitsplatz erfüllen muss. Nach der Arbeitsstättenverordnung müssen beispielsweise

- Nichtraucher besonders ______________ werden,
- Mängel an der Arbeitsstätte sofort ______________ werden,
- genügend ______________ vorhanden sein,
- ergonomische Anforderungen erfüllt werden.

Je nach Branche gelten noch weitere Verordnungen. So gilt in der ______________ zum

S. 55

Beispiel auch die Baustellenverordnung. Darin steht, dass die Bauarbeiterinnen und Bauarbeiter

über die einzuhaltenden ______________________ informiert werden müssen.

3.5 Arbeitsplatzsicherheit

Einstiegssituation

Jenny ist im 2. Lehrjahr zur Fachkraft für Lagerlogistik. In ihrem Ausbildungsbetrieb, einem Logistikzentrum, stehen verschiedene Schilder. Jannik, ihr Arbeitskollege, sagt während des Staplerfahrens zu ihr: „Hey Jenny, fahr nicht so schnell. Schau mal auf das Warnschild dort." Jenny erwidert: „Das ist doch kein Warnschild, das ist ein Gebotsschild." Jannik meint genervt: „Du Besserwisserin. Das ist doch egal. Schild ist Schild."

Arbeitsaufgaben

1. Welche Form haben die folgenden Schilder?

   Warnschilder ______________________

   Gebotsschilder ______________________

   Verbotsschilder ______________________

   Rettungsschilder ______________________

   Gefahrstoffschilder ______________________

2. Welche Farben haben die folgenden Schilder?

   Warnschilder ______________________

   Gebotsschilder ______________________

   Verbotsschilder ______________________

   Gefahrstoffschilder ______________________

   Rettungsschilder ______________________

   Brandschutzschilder ______________________

3. Gehen Sie – wenn möglich in Gruppen – durch Ihre Berufsschule und durch Ihren Ausbildungsbetrieb und schauen Sie, welche Arbeitsschutzsymbole Sie dort finden. Machen Sie ein Foto davon und notieren Sie sich jeweils die Bedeutung dazu. Wenn Sie wieder im Klassenraum sind, zeigen Sie die Fotos der ganzen Klasse und veranstalten Sie ein Quiz, um welches Symbol es sich jeweils handelt.

   ____

   ____

   ____

   ____

55–58

❹ Erläutern Sie die Bedeutung der folgenden Schilder am Arbeitsplatz.

S. 60-

4 Möglichkeiten und Grenzen der betrieblichen Mitbestimmung: Partizipationsstrategien

4.1 Der Betriebsrat

Einstiegssituation

Sophie ist Auszubildende und arbeitet für die KeepSecure GmbH. Die Belegschaft setzt sich, wie in der Tabelle zu sehen, zusammen. Davon sind 5 Personen unter 18 Jahre, 14 Personen arbeiten nur 30 Stunden in der Woche und 20 % haben eine ausländische Staatsangehörigkeit. Alle sind länger als 6 Monate im Betrieb.

Bezeichnung	Weiblich	Männlich	Divers
Arbeiter	15	26	3
Angestellte	2	4*	2
leitende Angestellte	3	2	–
Auszubildende	5**	5	–

**) 2 Personen sind 17 Jahre alt.*

***) 3 Personen sind 16 Jahre alt.*

Das Hauptgeschäft ist der Objektschutz. Die Geschäftsleitung hat sich entschieden, zusätzlich Aufträge für den Veranstaltungsschutz anzunehmen. Dafür sollen die Pausenzeiten auf 30 Minuten gekürzt und die Arbeitszeit vorübergehend auf 42 Stunden verlängert werden. Für die Überprüfung der neuen Arbeitszeitregeln sollen alle ein Firmenhandy mit einem persönlichen Code bekommen. Auf diesen wird eine „Verhaltens-App“ installiert, die die Einhaltung der neuen Regeln aufzeichnet.

Sophie und ihr Teamleiter Ruslan sind nicht damit einverstanden und überlegen, wie sie rechtlich dagegen vorgehen können. Helfen Sie den beiden indem Sie mittels der Aufgaben prüfen, ob ein Betriebsrat gewählt werden kann und welche Rechte er in diesen Fällen hat.

§

Betriebsverfassungsgesetz – BetrVG

https://www.gesetze-im-internet.de/betrvg/

§ 1 Errichtung von Betriebsräten

(1) In Betrieben mit in der Regel mindestens fünf ständigen wahlberechtigten Arbeitnehmern, von denen drei wählbar sind, werden Betriebsräte gewählt. […]

§ 5 Arbeitnehmer

(1) Arbeitnehmer (Arbeitnehmerinnen und Arbeitnehmer) im Sinne dieses Gesetzes sind Arbeiter und Angestellte einschließlich der zu ihrer Berufsausbildung Beschäftigten, unabhängig davon, ob sie im Betrieb, im Außendienst oder mit Telearbeit beschäftigt werden. Als Arbeitnehmer gelten auch die in Heimarbeit Beschäftigten, die in der Hauptsache für den Betrieb arbeiten. […]

(3) Dieses Gesetz findet, soweit in ihm nicht ausdrücklich etwas anderes bestimmt ist, keine Anwendung auf leitende Angestellte. […]

60–63

§ 7 Wahlberechtigung
Wahlberechtigt sind alle Arbeitnehmer des Betriebs, die das 16. Lebensjahr vollendet haben. Werden Arbeitnehmer eines anderen Arbeitgebers zur Arbeitsleistung überlassen, so sind diese wahlberechtigt, wenn sie länger als drei Monate im Betrieb eingesetzt werden.

§ 8 Wählbarkeit
(1) Wählbar sind alle Wahlberechtigten, die das 18. Lebensjahr vollendet haben und sechs Monate dem Betrieb angehören oder als in Heimarbeit Beschäftigte in der Hauptsache für den Betrieb gearbeitet haben. Auf diese sechsmonatige Betriebszugehörigkeit werden Zeiten angerechnet, in denen der Arbeitnehmer unmittelbar vorher einem anderen Betrieb desselben Unternehmens [...] angehört hat. Nicht wählbar ist, wer infolge strafgerichtlicher Verurteilung die Fähigkeit, Rechte aus öffentlichen Wahlen zu erlangen, nicht besitzt. [...]

§ 9 Zahl der Betriebsratsmitglieder
Der Betriebsrat besteht in Betrieben mit in der Regel 5 bis 20 wahlberechtigten Arbeitnehmern aus einer Person, 21 bis 50 Arbeitnehmern aus 3 Mitgliedern, 51 bis 100 Arbeitnehmern aus 5 Mitgliedern, 101 bis 200 Arbeitnehmern aus 7 Mitgliedern, 201 bis 400 Arbeitnehmern aus 9 Mitgliedern, [...]

§ 13 Zeitpunkt der Betriebsratswahlen
(1) Die regelmäßigen Betriebsratswahlen finden alle vier Jahre in der Zeit vom 1. März bis 31. Mai statt. [...]

Arbeitsaufgaben

1. Ermitteln Sie, wie viele Personen in Sophies Unternehmen den Betriebsrat wählen können.

2. Ermitteln Sie, wie viele Personen in Sophies Unternehmen für den Betriebsrat wählbar sind.

3. Ermitteln Sie, wie viele Betriebsratsmitglieder Sophies Unternehmen haben kann.

S. 60–

4 Kreuzen Sie an, ob die nachfolgenden Aussagen zur Gründung eines Betriebsrates richtig oder falsch sind. Nehmen Sie den Gesetzesauszug des BetrVG auf den Seiten 40 bis 41 zu Hilfe.

Aussage	Richtig	Falsch
Um einen Betriebsrat zu gründen, muss ein Betrieb mindestens 5 Wahlberechtigte haben, von denen 2 gewählt werden können.		
Arbeitnehmerinnen und Arbeitnehmer sind laut Gesetz alle Arbeiterinnen/Arbeiter, Angestellte und Auszubildende, die im Betrieb oder im Homeoffice arbeiten.		
Die Wahlberechtigung wird auch als aktives Wahlrecht bezeichnet. Dies ist das Recht, einen Kandidaten zu wählen.		
Im Betriebsverfassungsgesetz sind alle Arbeitnehmer wählbar, die mindestens 18 Jahre alt sind und seit 3 Monaten im Betrieb arbeiten.		
In einem Betrieb mit 290 wahlberechtigten Arbeitnehmerinnen und Arbeitnehmern besteht der Betriebsrat aus 9 Mitgliedern.		
In einem Betrieb mit 50 wahlberechtigten Arbeitnehmerinnen und Arbeitnehmern besteht der Betriebsrat aus 5 Mitgliedern.		
Die Mitglieder des Betriebsrates werden für 3 Jahre gewählt.		

Aussage	Richtig	Falsch
In der Zeit vom 1. März bis 31. Mai finden die Wahlen zum Betriebsrat statt.		
Alle Arbeitnehmerinnen und Arbeitnehmer müssen im eigenen Betrieb an Betriebsratswahlen teilnehmen.		

5 Die KeepSecure GmbH macht eine BR-Wahl. Es haben sich einige Beschäftigte aufstellen lassen. Diese fragen sich nun: Müssen sie alles selbst zahlen oder zahlt auch der Betrieb in bestimmten Fällen während der Wahl und später?
Entscheiden Sie bei den Beispielen durch Ziehen von Linien.

Beispiel
Erstellen, Ausdrucken und Aufhängen der Listen der Kandidatinnen und Kandidaten.
Erstellen und Ausdrucken von Informationsblättern zu einem Kandidaten oder einer Kandidatin.
Vorbereiten des Wahlraumes und des Wählerverzeichnisses und Auslegen von Stimmzetteln und Stiften
Teilnahme an einer gewerkschaftlichen Fortbildung zum Thema „Wie präsentiere ich mich richtig?“
Bereitstellen eines Raumes mit einem betrieblichen PC für die Kommunikation mit allen Beschäftigten

Kandidatin, Kandidat, BR-Mitglied zahlt selbst.
Betrieb übernimmt die Kosten.

Lösungshinweis: Für die Kostenübernahme bei der Wahl sehen Sie § 20 BetrVG und für die Kostenübernahme während der Amtszeit sehen Sie § 40 BetrVG. Sie können dafür den QR-Code auf Seite 40 nutzen.

S. 60–

6 Der neue Betriebsrat der KeepSecure GmbH hat auf seiner ersten Sitzung viel zu tun. Die aktuellen Veränderungen (siehe Einstiegssituation) machen es ihm schwer. Helfen Sie ihm, indem Sie die Beispiele dem richtigen Recht (oder Bereich) zuordnen.

Beispiel	
1	Verkürzung der Pausenzeit auf nur noch 30 Minuten
2	Eine Werbeagentur soll ein modernes Logo entwickeln.
3	Herrn Minaj soll gekündigt werden.
4	Der Lohn von Frau Binar soll von Stufe 6 auf Stufe 5 gekürzt werden.
5	Es wird eine Urlaubssperre für Weihnachten und Neujahr eingeführt.
6	Eine neue Filiale soll in Mailand entstehen.
7	Aufstellen von Kriterien zur Beurteilung von Beschäftigten
8	Das Unternehmen „All Safe Veranstaltungen“ soll gekauft werden.
9	Ein Büroangestellter soll im Objektschutz arbeiten.
10	Die Arbeitszeit soll vorübergehend auf 42 Stunden verlängert werden.
11	Die Personalabteilung soll in ein neues Bürogebäude umziehen.
12	Die Mitarbeitenden sollen die „Verhaltens-App“ auf dem Firmenhandy benutzen.

Rechte				
Mitbestimmungsrecht (sozialer Bereich)				
Zustimmungsrecht (personeller Bereich)				
Informationsrecht (wirtschaftlicher Bereich)				

60–63

7 Dem Betriebsrat der KeepSecure GmbH liegt nachfolgende E-Mail vor. Bearbeiten Sie den Fall, indem Sie die Rechtslage mithilfe der unten aufgeführten Gesetzestexte klären. Geben Sie dem Betriebsrat eine mögliche Lösung.

An BR@KeepSecure.de

Von charu@KeepSecure.de

Betreff Anfrage berufliche Möglichkeiten

Werter BR,

ich bin seit fünf Jahren im Betrieb beschäftigt. Bisher habe ich noch kein Gespräch über meine Leistungen gehabt. Seit meiner Ausbildung sagt mein Teamleiter: „Alles okay, läuft doch super." Ich würde gern wissen, welche beruflichen Möglichkeiten ich in unserem Betrieb habe.

Könnt ihr mir nicht einen Rat geben? Was kann ich machen?

Kollegiale Grüße

Charu

§

Betriebsverfassungsgesetz – BetrVG

https://www.gesetze-im-internet.de/betrvg/index.html#BJNR000130972BJNE003303308

§ 80 Allgemeine Aufgaben

(1) Der Betriebsrat hat folgende allgemeine Aufgaben: [...]

2. Maßnahmen, die dem Betrieb und der Belegschaft dienen, beim Arbeitgeber zu beantragen;

2a. die Durchsetzung der tatsächlichen Gleichstellung von Frauen und Männern, insbesondere bei der Einstellung, Beschäftigung, Aus-, Fort- und Weiterbildung und dem beruflichen Aufstieg, zu fördern;

2b. die Vereinbarkeit von Familie und Erwerbstätigkeit zu fördern; [...]

8. die Beschäftigung im Betrieb zu fördern und zu sichern; [...]

(2) Zur Durchführung seiner Aufgaben [...] ist der Betriebsrat rechtzeitig und umfassend vom Arbeitgeber zu unterrichten; [...]. Dem Betriebsrat sind auf Verlangen die [...] erforderlichen Unterlagen (z. B. Arbeitsvertrag, Beurteilungen usw.) zur Verfügung zu stellen [...] der Arbeitgeber hat ihm sachkundige Arbeitnehmer als Auskunftspersonen zur Verfügung zu stellen [...].

§ 82 Anhörungs- und Erörterungsrecht des Arbeitnehmers

(1) Der Arbeitnehmer hat das Recht, in betrieblichen Angelegenheiten, die seine Person betreffen, von [...] zuständigen Personen gehört zu werden. Er ist berechtigt, [...] Vorschläge für die Gestaltung des Arbeitsplatzes und des Arbeitsablaufs zu machen. [...]

(2) Der Arbeitnehmer kann verlangen, [...] dass mit ihm die Beurteilung seiner Leistungen sowie die Möglichkeiten seiner beruflichen Entwicklung im Betrieb erörtert werden. Er kann ein Mitglied des Betriebsrats hinzuziehen. Das Mitglied des Betriebsrats hat über den Inhalt dieser Verhandlungen Stillschweigen zu bewahren, soweit es vom Arbeitnehmer im Einzelfall nicht von dieser Verpflichtung entbunden wird.

S. 60–

8 Ergänzen Sie den folgenden Text, indem Sie die richtigen Fachbegriffe einfügen:
Arbeitgeber, Arbeitsunfälle, Arbeitszeit, ausgelegt, Betriebsvereinbarungen, gekündigt, gemeinsam, keine, Pausen, schriftlich, verbessert, Verlängerung, Vermögensbildung.

Die betriebliche Mitbestimmung erfolgt auch häufig durch ______________________. Diese werden ______________ vom Betriebsrat und dem ______________ beschlossen. Sie müssen ______________ sein. Sie müssen an geeigneter Stelle im Betrieb ______________ werden. In Betriebsvereinbarungen dürfen gesetzliche Regelungen nur ______________ und nicht verschlechtert werden. Sie dürfen ______________ Regeln aus einem geltenden Tarifvertrag enthalten. Es gibt Ausnahmen (Öffnungsklausel). Die Betriebsvereinbarungen können folgende Inhalte haben:

- Beginn und Ende der ____________________
- Lage der ________________
- vorübergehende Verkürzung oder ______________________ der Arbeitszeit
- Maßnahmen zur Verhütung von ________________________
- Maßnahmen zur Förderung der ___________________________

und vieles mehr. Eine Betriebsvereinbarung kann mit einer Frist von 3 Monaten ___________ ________ werden.

9 Das Unternehmen KeepSecure GmbH hat nun einen BR. Sie haben Ihr Wissen über dessen Aufgaben und Rechte vertieft. Schlagen Sie Sophie und Ruslan, die nicht im BR sind, einen möglichen rechtlichen Schritt vor (Lösungshinweise: § 82, § 84, § 85 BetrVG).

S. 60–

⑩ Lösen Sie das Kreuzworträtsel und finden Sie das Lösungswort.

1 Er berät die Betriebsleitung in wirtschaftlichen Themen.
2 Er übernimmt die laufenden Geschäfte des Betriebsrates.
3 Sie soll Streitigkeiten zwischen Betriebsrat und Betriebsleitung lösen.
4 Hier berichtet der Betriebsrat über seine Tätigkeit.

4.2 Jugend- und Auszubildendenvertretung

Einstiegssituation

Am selben Tag wie die Betriebsratswahl der KeepSecure GmbH soll die 1. Jugend- und Auszubildendenvertretung (JAV) gewählt werden. Sophie ist im Wahlvorstand. Sie hat sich eine Liste aller Beschäftigten und Auszubildenden nach Altersstufen besorgt:

	Alter in Jahren											
Bezeichnung	16	17	18	19	21	22	24	25	28	34	41	52
Arbeiter (m/w/d)	-	-	3	2	5	6	-	7	4	9	6	2
Angestellte (m/w/d)	-	2	2	-	2	-	2	-	-	-	-	-
Leitende Angestellte (m/w/d)	-	-	-	-	-	-	-	-	1	-	3	1
Auszubildende (m/w/d)	3	-	3	-	2	-	-	-	2	-	-	-

Die Geschäftsleitung will die Kosten der Wahl nicht übernehmen. Sie akzeptiert keine Jugend- und Auszubildendenvertretung. Sie meint, die gesetzlichen Voraussetzungen dazu würden fehlen. Sophie macht sich Sorgen.

Prüfen Sie, ob eine JAV gegründet werden kann, indem Sie die Arbeitsaufgaben bearbeiten.

§

Betriebsverfassungsgesetz – BetrVG

https://www.gesetze-im-internet.de/betrvg/index.html#BJNR000130972BJNE003303308

§ 60 Errichtung [...]

(1) In Betrieben mit in der Regel mindestens fünf Arbeitnehmern, die das 18. Lebensjahr noch nicht vollendet haben (jugendliche Arbeitnehmer) oder die zu ihrer Berufsausbildung beschäftigt sind, werden Jugend- und Auszubildendenvertretungen gewählt. [...]

§ 61 Wahlberechtigung und Wählbarkeit

(1) Wahlberechtigt sind alle in § 60 Abs. 1 genannten Arbeitnehmer des Betriebs.

(2) Wählbar sind alle Arbeitnehmer des Betriebs, die das 25. Lebensjahr noch nicht vollendet haben oder die zu ihrer Berufsausbildung beschäftigt sind [...]. Mitglieder des Betriebsrats können nicht zu Jugend- und Auszubildendenvertretern gewählt werden.

§ 62 Zahl der Jugend- und Auszubildendenvertreter [...]

(1) Die Jugend- und Auszubildendenvertretung besteht in Betrieben mit in der Regel 5 bis 20 wahlberechtigten AN aus einer Person, 21 bis 50 wahlberechtigten AN aus 3 Mitgliedern, 51 bis 150 wahlberechtigten AN aus 5 Mitgliedern, [...]

§ 64 Zeitpunkt der Wahlen und Amtszeit

(1) Die regelmäßigen Wahlen der Jugend- und Auszubildendenvertretung finden alle zwei Jahre in der Zeit vom 1. Oktober bis 30. November statt. [...]

(2) Die regelmäßige Amtszeit der Jugend- und Auszubildendenvertretung beträgt zwei Jahre. [...]

S. 64

1. Ermitteln Sie, wie viele Personen in Sophies Unternehmen die JAV wählen können.

2. Ermitteln Sie, wie viele Personen in Sophies Unternehmen bei der JAV-Wahl wählbar sind.

3. Ermitteln Sie, wie viele Personen die JAV in Sophies Unternehmen haben darf.

4. Sie haben geprüft, ob eine JAV in Sophies Unternehmen gegründet werden kann. Formulieren Sie eine kurze Begründung an Sophie.

5. Kreuzen Sie an, ob die nachfolgenden Aussagen zur Gründung einer JAV richtig oder falsch sind. Nehmen Sie den Gesetzesauszug des BetrVG zu Hilfe.

Aussage	Richtig	Falsch
Eine JAV kann gegründet werden, wenn 5 AN unter 18 Jahren sind oder ihre Ausbildung im Betrieb machen.		
Die Wählbarkeit wird als passives Wahlrecht bezeichnet. Es ist das Recht, einen Kandidaten oder eine Kandidatin zu wählen.		

Aussage	Richtig	Falsch
Der Betriebsrat muss die Kosten der Wahl und der JAV-Sitzungen übernehmen.		
In einem Betrieb mit 99 Wahlberechtigten besteht die JAV aus 5 Mitgliedern.		
In der Zeit vom 1. März bis 31. Mai finden die Wahlen zur JAV statt.		
Die Mitglieder der JAV werden für 2 Jahre gewählt.		
Alle Wahlberechtigten müssen im eigenen Betrieb an JAV-Wahlen teilnehmen.		

6 Die Mitglieder der JAV haben 4 Rechte, wenn es um Themen für jugendliche Arbeitnehmer und Arbeitnehmerinnen oder Auszubildende geht. Ordnen Sie den Beispielen die Rechte der JAV durch Ankreuzen zu.
Hinweis: Teilnahmerecht = Teilnahme an BR-Sitzungen, Antragsrecht = einen Vorschlag einbringen in die BR-Sitzung, Stimmrecht = über einen Vorschlag abstimmen, Informationsrecht = vom BR informiert werden

Beispiel	Teilnahme-recht	Antrags-recht	Stimm-recht	Informa-tionsrecht
Die JAV möchte erreichen, dass der Ausbildungsplan der KeepSecure GmbH überarbeitet wird.				
Bei der BR-Sitzung wird über einen Sozialraum für Azubis abgestimmt.				
Die JAV möchte die Jugend- und Auszubildendenversammlung einberufen.				
Der Betriebsrat gibt der JAV die Unterlagen über interne Schulungen zur Beratung.				
Ein JAV-Mitglied spricht über aktuelle Probleme der jugendlichen AN bei einer BR-Sitzung.				

S. 66

4.3 Tarifvertragsparteien

Einstiegssituation

In der KeepSecure GmbH sind heute Nala und Ruslan für das Objekt F.35 zuständig. Sie haben um 18 Uhr angefangen.

Nala: „Nala an Ruslan."

Ruslan: „Ruslan hört."

Nala: „Ich dreh meine Runde. Treppenhaus ruhig."

Ruslan: „Draußen alles okay." *Ruslan seufzt ins Funkgerät.* „Ich will in die Gewerkschaft."

Nala: „Wieso? Das kostet nur Geld. Lohnerhöhung kriegst' auch ohne."

Ruslan: „Ja, aber die neuen Bedingungen finde ich übel."

Nala: „Die Gewerkschaft hilft doch nicht."

Ruslan: „Ich informiere mich noch mal. Ruslan Ende."

Nala: „Nala Ende."

Arbeitsaufgaben

1. Ruslan weiß nicht genau, welche Aufgaben eine Gewerkschaft hat. Helfen Sie ihm. Ordnen Sie die Beispiele der Gewerkschaft oder dem Arbeitgeberverband zu, indem Sie die richtige Nummer neben den Tarifvertragspartner schreiben.

Beispiel für Aufgaben	
1	Beratung bei rechtlichen Fragen in der Ausbildung
2	Falls der Betrieb bestreikt wird, gibt es Streikgeld.
3	Netzwerk für Unternehmen, um bei arbeitsrechtlichen Problemen zu unterstützen
4	Vertreten Mitglieder beim Arbeitsgericht.
5	Beeinflussung der Politik durch Lobbyarbeit
6	Treten häufig im TV auf, um das Ansehen der Mitglieder zu verbessern.
7	starker Zusammenhalt auch durch günstige Urlaubsreisen, Versicherungen usw.
8	Analysieren des Arbeitsmarktes, um rechtzeitig Fachkräftemangel zu erkennen

Tarifvertragspartner				
Gewerkschaft				
Arbeitgeberverband				

4.4 Tarifvertrag

Einstiegssituation

Auf dem Weg nach Hause unterhalten sich Elfi und Zayn über ihre Lohnabrechnung.

Zayn: „Ich bekomme mehr Lohn ab diesem Monat."

Elfi: „Wow, ich gar nicht. Ich arbeite schon länger als du bei der Firma. Wieso?"

Zayn: „Na ja, ich bin in der Gewerkschaft. Diese hat einen neuen Tarifvertrag abgeschlossen."

Elfi: „Okay, aber meine beste Freundin ist nicht in der Gewerkschaft. Die hat auch eine Erhöhung bekommen."

Zayn: „Das nennt sich ‚Tarifbindung'. Das hatten wir mal in der Schule."

Arbeitsaufgaben

1. Helfen Sie den beiden. Nennen Sie 3 Bedingungen, die Unternehmen verpflichten, Tariflohn zu zahlen.

2. Tarifverträge dienen den Tarifvertragsparteien dazu, bestimmte Aufgaben zu erfüllen. Entscheiden Sie, welche Erklärung zu welchem Fachbegriff passt, indem Sie eine Linie ziehen.

Im Tarifvertrag sind Regeln und Arbeitsbedingungen vereinbart. Diese sind verbindlich.	Ordnungsfunktion
Für jede Arbeit gibt es eine genaue Beschreibung und die benötigte Qualifikation.	Friedensfunktion
Solange der Tarifvertrag läuft, darf nicht gestreikt werden.	Schutzfunktion

S. 72

3 Ordnen Sie die Regelungen der richtigen Tarifvertragsart zu. Schreiben Sie die Regelung unter die richtige Tarifvertragsart.
Regelungen: *Urlaub, Lohnhöhe, Kündigungsfristen, Zulagenhöhe, Akkordlohnsätze, Arbeitszeit.*

Vergütungstarifvertrag	**Manteltarifvertrag**

4.5 Tarifverhandlungen

Einstiegssituation

„Nach 11 Stunden Tarifverhandlung haben sich IG Metall und Arbeitgeber in Ludwigsburg auf ein Ergebnis für die Metall- und Elektroindustrie Baden-Württemberg geeinigt: ein Paket aus dauerhaften Entgeltsteigerungen um insgesamt 8,5 Prozent sowie Inflationsausgleichsprämien von 3000 Euro in zwei Stufen. […]“

Quelle: IG Metall: Verhandlungsergebnis: Entgelterhöhung in zwei Stufen plus 3000 Euro. Unter https://www.igmetall.de/tarif/tarifrunden/metall-und-elektro/abschluss-ergebnis-erklaert-metall-tarifrunde-2022 [11.02.2023]

Arbeitsaufgaben

1 Ordnen Sie die Definitionen der entsprechenden Arbeitskampfmaßnahme zu. Schreiben Sie die jeweilige Nummer in das entsprechende Kästchen.

	Definitionen
1	Hier können Arbeitgeber/-innen einen Teil oder die gesamte Belegschaft eines Betriebes von der Arbeit fernhalten.
2	Es werden nur wenige, aber sehr wichtige Betriebe bestreikt.
3	In einem Betrieb werden nur bestimmte Bereiche bestreikt, z. B. im Autohaus die Werkstatt.
4	Die Gewerkschaft ruft zur Niederlegung der Arbeit für kurze Zeit auf, um die Streikbereitschaft zu signalisieren.

Arbeitskampfmaßnahme	
Teilstreik	
Warnstreik	
Aussperrung	
Schwerpunktstreik	

72–75

2 Die Tarifverhandlungen laufen fast immer gleich ab. Bringen Sie die Schritte einer Tarifverhandlung in die richtige Reihenfolge, indem Sie die Ziffern 1 bis 10 in die Kästchen schreiben. Beginnen Sie mit dem Schritt „Tarifverhandlungen zwischen den Tarifpartnern, oft begleitet von Warnstreiks".

Schritt der Tarifverhandlung	Reihenfolge
Schlichtungsverfahren	
Gegenmaßnahme der Arbeitgeber: Aussperrung	
Erklärung des Scheiterns der Schlichtung	
neuer Tarifvertrag	
Tarifverhandlungen zwischen den Tarifpartnern, oft begleitet von Warnstreiks	
Urabstimmung der Gewerkschaftsmitglieder über Streik	
neue Verhandlungen	
Urabstimmung über Ergebnis: Streikende	
Erklärung des Scheiterns und Ende der Friedenspflicht	
Arbeitskampfmaßnahme: Streik	

3 Erklären Sie den Fachbegriff Tarifautonomie.

S. 80-

5 Lebenslanges Lernen – Wandel der Arbeitswelt

Einstiegssituation

Heute hat Max seine Abschlussprüfung bestanden. Er teilt das gleich seinen Freunden mit. Danach überlegt er: „So, fertig mit der Ausbildung. Jetzt mache ich einen Meisterkurs für 4.000,00 €. Das ist schon richtig viel Asche. Aber ist das jetzt eine Weiterbildung, Umschulung oder Fortbildung? Mist, irgendwie war das wichtig, um eine finanzielle Unterstützung vom Staat zu bekommen."

Sie haben sich bereits im Schülerbuch über das Thema informiert. Warum kann diese Unterscheidung wichtig sein? Informieren Sie sich über die Begabtenförderung (Weiterbildungsstipendium) Ihrer zuständigen IHK.

Arbeitsaufgaben

1. Ordnen Sie den Beispielen den richtigen Fachbegriff zu: *Berufsausbildung, Fortbildung, Umschulung, private Weiterbildung.* Schreiben Sie den Fachbegriff neben das Beispiel.

Beispiel	Fachbegriff
Lisa kann ihren alten Beruf wegen ihrer Krankheit nicht mehr ausüben. Sie erlernt jetzt einen neuen Beruf.	
Stephan hat vor Kurzem seine Lehre als Mechatroniker angefangen.	
Selim muss einen Gabelstaplerschein machen, denn das Lager wurde auf Palettenware umgestellt.	
Daria hat eine Kollegin in Barcelona. Spanien hat sie schon immer interessiert. Sie macht einen Spanischkurs.	
Can arbeitet als Servicefahrer. Er besucht den Kurs „Handy-Apps programmieren" an der Volkshochschule.	
Edita ist gelernte Chemielaborantin. Sie besucht die Schule zur Industriemeisterin Fachrichtung Chemie.	
Naira ist Polsterin. Ihr Betrieb ist pleitegegangen. Jetzt lernt sie über die Arbeitsagentur Feinoptikerin.	
Onur wird als Kanalbauer ausgebildet. Mithilfe der IHK hat er den Betrieb gewechselt.	

2 Erklären Sie die Bedeutung des „lebenslangen Lernens“ an einem Beispiel.

3 Nennen Sie die beiden staatlichen Behörden, bei denen Sie folgende Fördermaßnahmen erhalten können.

Förderung einer dualen Ausbildung, kurz BAB	Förderung einer Aufstiegsfortbildung nach AFBG

4 Kreuzen Sie an, ob die nachfolgenden Aussagen dem Fachbegriff Mobilität oder Flexibilität zuzuordnen sind.

Aussage	Mobilität	Flexibilität
Die Teamleiterin von Sarah möchte, dass sie länger arbeitet. Heute ist eine verspätete Lieferung eingetroffen.		
Leo ist umgezogen. Sein Arbeitsweg hat sich verdoppelt. Dafür kann er im Zug seinen Lieblingspodcast komplett hören.		
Gülcan soll ab nächster Woche im Schichtsystem arbeiten. Sie soll eine Woche in der Frühschicht und eine Woche in der Spätschicht arbeiten.		
Carlos arbeitet bei der Bau AG in Hamburg. Sein Chef bietet ihm an, für zwei Jahre in Portugal in der Filiale in Setúbal zu arbeiten.		

S. 88-

6 Leben, Lernen und Arbeiten in Europa

Einstiegssituation

Mia und Leo arbeiten in einem deutschen Unternehmen mit Filialen in ganz Europa. Heute findet eine betriebliche Schulung zum Thema „Arbeiten in Europa“ statt. Sie erhalten viele Informationen. Am Ende erinnern sie sich nur noch an die Sätze „in EU-Ländern ist es am einfachsten“ und „Anmelden bei Europass ist nicht verkehrt“.

Helfen Sie ihnen, ihre Gedanken zu ordnen!

Arbeitsaufgaben

1. Kreuzen Sie an, ob die nachfolgenden Aussagen über Europass richtig oder falsch sind. Sie können zusätzlich die Informationen der Website zu Hilfe nehmen.

https://www.europass-info.de/europass/was-ist-europass

Aussage	Richtig	Falsch
Europass ist ein kostenpflichtiger Service der Europäischen Union für Bewerbung und Jobsuche.		
Europass hilft bei den Bewerbungsunterlagen, bei der Karriereplanung, beim Erfassen von Kompetenzen und beim Vergleich von Qualifikationen.		
Europass soll das länderübergreifende Lernen und Arbeiten innerhalb der EU erleichtern.		
In Deutschland ist der Ansprechpartner für Europass die Nationale Agentur (NA) beim Hamburger Institut für Berufliche Bildung (HiBB).		
Das Europass-Portal hilft bei der Erstellung eines Onlineprofils, beim Bearbeiten des Lebenslaufs, bei der Suche nach Jobs und Weiterbildungen.		

88–90

Aussage	Richtig	Falsch
Die Europass-Dokumente beinhalten die Erklärung für berufliche Abschlusszeugnisse und der Hochschulabschlüsse und es werden die Mobilitätsnachweise (Auslandspraktika) gesammelt.		
Das Europass-Portal bietet die Möglichkeit, digitale Zeugnisse oder Bescheinigungen (Zertifikate) auszustellen, zu prüfen, zu speichern und zu teilen.		

❷ Schreiben Sie die gesuchten Staaten der Europäischen Union (EU) in die entsprechende Zeile.

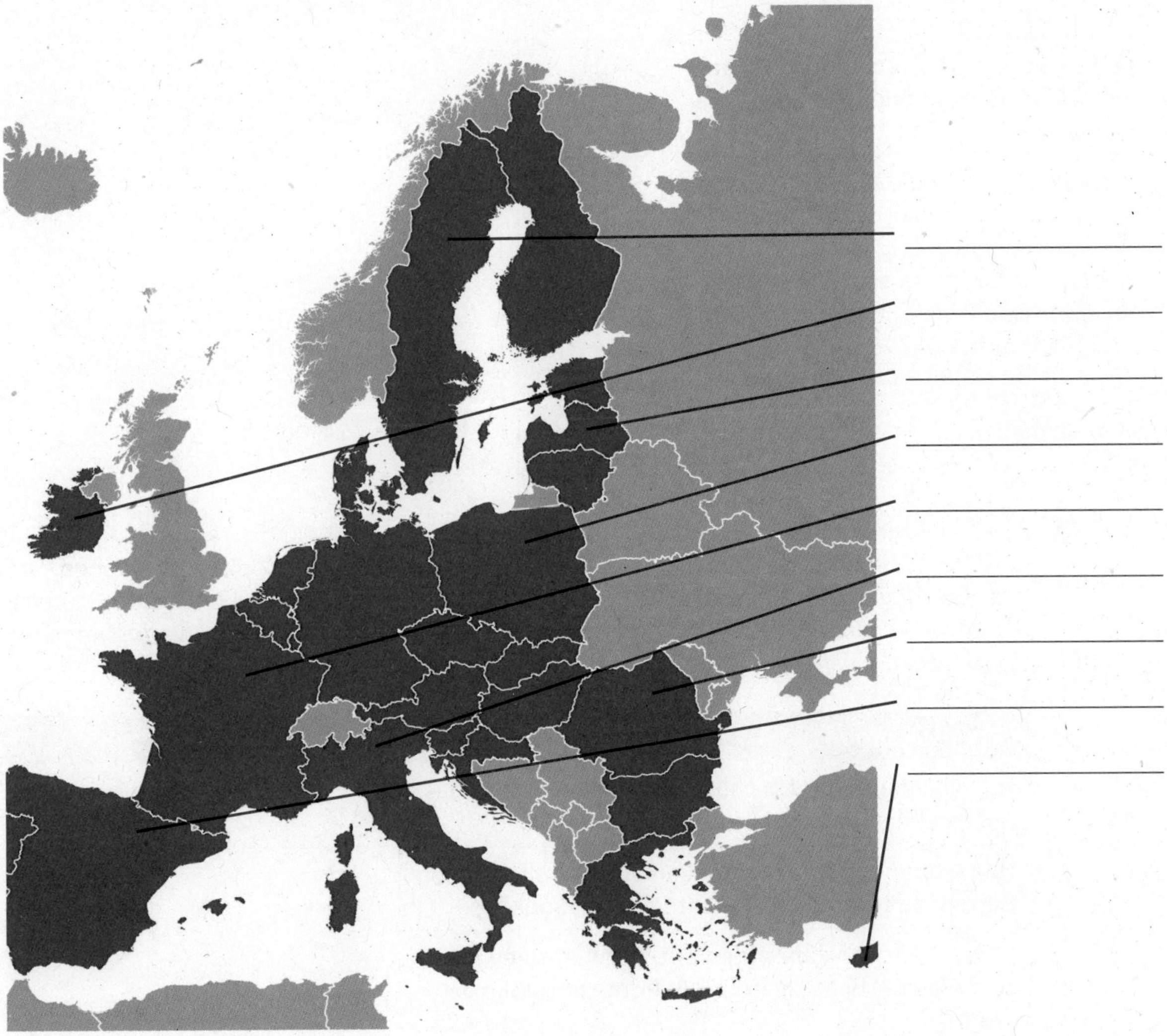

❸ Lesen Sie den Informationstext zur Europäischen Kommission. Im Anschluss kreuzen Sie an, ob die jeweilige Aussage richtig oder falsch ist.

Die Europäische Kommission kann als eine Art Regierung der EU angesehen werden. Sie tritt für alle Mitgliedsstaaten ein und ist das gesetzgebende Organ der EU. Sie hat das alleinige Recht, dem EU-Parlament und dem Europäischen Rat Ideen für Gesetze vorzuschlagen. Sie ist für die Durchsetzung der beschlossenen Maßnahmen und Programme, z. B. EURES, zuständig. Daneben verwaltet sie auch den EU-Haushalt. Mit dem Europäischen Gerichtshof zusammen kontrolliert die Europäische Kommission die Einhaltung

S. 88–

der Verträge und kann bei Verstößen gegen einen Mitgliedsstaat klagen. Die Europäische Kommission setzt sich aktuell aus 27 Mitgliedern zusammen. Die Mitglieder werden Kommissarin oder Kommissar genannt. Jedes Mitglied bekommt einen Posten. Die Präsidentin oder der Präsident leitet die Europäische Kommission. Das Amt der Präsidentin der Europäischen Kommission hat aktuell Ursula von der Leyen aus Deutschland inne. Sie ist für fünf Jahre ernannt. Die aktuelle Amtszeit dauert von 2019 bis 2024. Die Europäische Kommission hat ihren Sitz in Brüssel.

https://www.europaimunterricht.de/eu-kommission

Aussage	Richtig	Falsch
Die Europäische Kommission kann Empfehlungen oder Vorschläge für mögliche Gesetze machen.		
Die Europäische Kommission ist für die EU-Länder zuständig, die als Währung den Euro haben.		
Die Europäische Kommission kann bei Verstößen von EU-Ländern gegen diese Länder klagen.		
Jeder Mitgliedsstaat der EU erhält einen Posten in der Europäischen Kommission.		
Ursula von der Leyen aus Deutschland ist die Vizepräsidentin und leitet die Europäische Kommission.		
Die Amtszeit beträgt 5 Jahre und der Sitz ist in Brüssel.		

4 Durch die Schaffung des Europäischen Binnenmarktes am 01.01.1993 können die EU-Bürgerinnen und -Bürger in allen EU-Ländern studieren, wohnen, einkaufen, arbeiten oder leben. Dafür sorgen die Grundfreiheiten. Schreiben Sie die richtige Grundfreiheit neben die jeweilige Lebenssituation: *Warenverkehrsfreiheit, Kapitalverkehrsfreiheit, Dienstleistungsfreiheit, Niederlassungsfreiheit, Personenverkehrsfreiheit und Arbeitnehmerfreizügigkeit.*

Lebenssituation	Freiheit
Nach bestandener Abschlussprüfung fliegt Douglas nur mit Personalausweis nach Malta.	
Hila kauft über das Internet von einem italienischen Betrieb aus Parma einen echten Parmesankäse.	
Mateo ist schon ganz aufgeregt. Denn morgen ist sein erster Arbeitstag bei einer Firma in Dublin in Irland.	
Sofia hat etwas Geld übrig. Sie überweist ihr Geld auf ein Tagesgeldkonto bei einer Bank in Dänemark.	
Noah ist Meister für Kraftverkehr. Er gründet in Österreich seine eigene kleine Transportfirma.	
Julia wohnt in Aachen und ihre Heizung ist kaputt. Ein belgischer Handwerksbetrieb aus Kelmis repariert ihre Heizung.	

88–90

5 Nennen Sie drei Ziele der Erasmus+-Programme.

____

____

____

____

____

6 Neben der Europäischen Sozialcharta gibt es die Charta der Grundrechte der EU. Sie gilt, wenn EU-Recht in den einzelnen EU-Ländern umgesetzt wird, z. B. die EU-Datenschutzgrundverordnung. Ergänzen Sie den Lückentext, indem Sie die richtigen Begriffe einfügen: *2009, Bildung, Grundrechte, klagen, kostenlosen, Leben, Lissabon, Verletzungen.*

Die Charta der ____________ der Europäischen Union fasst in einem einzigen Text viele Rechte zusammen. Sie beinhaltet zum Beispiel das Recht auf ____________, das Recht auf ____________, das Recht des Kindes, das Recht auf Zugang zu einer ____________ Arbeitsvermittlung und sogar das Recht auf eine gute Verwaltung. Die rund 450 Millionen Bürgerinnen und Bürger der EU können bei ____________ der EU-Grundrechte vor den nationalen Gerichten ____________. Die Grundrechtecharta trat im Jahr ____________ mit dem Vertrag von ____________ in Kraft.

S. 93-1

PRÜFGEBIET

Nachhaltige Existenzsicherung

7 Grundzüge des Sozialversicherungssystems: Die Bedeutung für Individuum und Gesellschaft

7.1 Versicherungsprinzipien

Einstiegssituation

Anna hat in der Mittagspause eine Diskussion am Nachbartisch verfolgt. Dort diskutierte man engagiert, inwieweit unsere soziale Sicherung in unserer Gesellschaft noch zeitgemäß und gerecht ist.
Anna erkannte dabei, dass sie bisher nur wenig über das Sozialversicherungssystem wusste. In der nächsten WiSo-Stunde fragt sie ihre Lehrerin. Diese nimmt das Thema gerne in ihren Unterricht auf.
Sie bittet die Klasse, sich einen Überblick über die Prinzipien der Sozialversicherungen zu verschaffen. Die Bearbeitung der nachfolgenden Arbeitsaufträge soll dabei helfen.

Arbeitsaufgaben

1. Beschreiben Sie verschiedene Risiken, die einen im Leben erwarten können. Beziehen Sie sich dabei sowohl auf das private als auch auf das berufliche Leben.

94–95

2 Erklären Sie die Bedeutung des Begriffes Sozialstaat.

3 Jede Arbeitnehmerin und jeder Arbeitnehmer unterliegt der Sozialversicherungspflicht. Erklären Sie den Begriff, die Vorteile und auch mögliche Einschränkungen durch diese Pflicht.

4 Erläutern Sie den Begriff Äquivalenzprinzip im Zusammenhang mit der Sozialversicherung.

5 Kreuzen Sie an, welche Prinzipien der Sozialversicherung angesprochen werden.

Beschreibung	Versicherungspflicht	Selbstverwaltung	Beitragsfinanzierung	Solidaritätsprinzip	Äquivalenzprinzip
Je höher die eingezahlten Rentenbeiträge sind, umso höher ist später die ausgezahlte Rente.					
Arbeitgeber und Arbeitnehmer teilen sich die Beiträge zur Sozialversicherung.					

S. 95-

Beschreibung	Versicherungspflicht	Selbstverwaltung	Beitragsfinanzierung	Solidaritätsprinzip	Äquivalenzprinzip
Es besteht keine Möglichkeit, sich von der Sozialversicherungspflicht befreien zu lassen.					
Wenn jemand Mitglied in der Sozialversicherung ist, dann hat er Anspruch auf Leistungen der Sozialversicherung, ganz egal, wie viel er eingezahlt hat.					
Die Versicherten nehmen an Sozialwahlen teil.					
Selbstständige und Beamte sind von der Sozialversicherungspflicht befreit.					

6 Entscheiden Sie, welche Aussagen zu den Prinzipien der Sozialversicherungen richtig sind. Kreuzen Sie an.

- ☐ Leistungen aus den Sozialversicherungen erhält nur derjenige, der mindestens 4 Jahre eingezahlt hat.
- ☐ Jeder Arbeitnehmer/jede Arbeitnehmerin zahlt gleich viel in die Sozialversicherungen ein.
- ☐ Je höher die Einzahlung in die Rentenversicherung, umso höher ist später die ausgezahlte Rente.
- ☐ Die Höhe der Einzahlungen in die Sozialversicherungen richtet sich nach der Höhe des Bruttolohnes.
- ☐ Von der Sozialversicherungspflicht gibt es keine Ausnahmen.

7 Erläutern Sie, welches Prinzip der Sozialversicherung in den nachfolgenden Grafiken zum Ausdruck kommt.

7–99

7.2 Gesetzliche und private Vorsorge

Einstiegssituation

Mehmet hat gerade seine Ausbildung beendet. Er wird nun auch von zu Hause ausziehen und mit seiner Freundin eine eigene Wohnung beziehen. Das ist für ihn ein Grund, sich über seine Versicherungen Gedanken zu machen. Er weiß: Versicherungen sind wichtig. Sie sollen vor Ereignissen und Unglücksfällen schützen, deren Schadensregulierung eine einzelne Person in den Ruin stürzen würde. Als Auszubildender war er auch bereits Mitglied der gesetzlichen Sozialversicherungen. Doch daneben gibt es auch noch die Möglichkeit, sich privat zu versichern. Welche Versicherungen sind für ihn geeignet? Unsere Wirtschaftsordnung hat den Namen „soziale Marktwirtschaft". Das Wort „sozial" weist darauf hin, dass wir staatliche Hilfe und Förderung erhalten, wenn wir sie brauchen. Das macht unser Leben leichter und sicherer. Allerdings funktioniert das System der sozialen Sicherung nur, wenn wir alle bereit sind, auch unseren Beitrag dazu zu geben und auch teilweise unsere eigenen Bedürfnisse zurückzustellen.

Vertiefen Sie Ihr Wissen im Folgenden über die verschiedenen gesetzlichen und privaten Versicherungen, indem Sie die Aufgaben lösen.

Arbeitsaufgaben

1. Ergänzen Sie die passenden Sozialversicherungen.

Im Alter sorgt die ____________________ für die Sicherung des Lebensstandards, nachdem man aus Altersgründen aus dem Beruf ausgeschieden ist. Bei Berufskrankheiten und Arbeitsunfällen kann die ____________________ in Anspruch genommen werden. Ein Verlust des Arbeitsplatzes aus wirtschaftlichen oder persönlichen Gründen führt dazu, dass das monatliche Einkommen wegfällt und eine wirtschaftliche Notlage droht. Die ____________________ leistet hier finanzielle Unterstützung. Um rechtzeitig Vorsorge für die eigene

S. 97–

Gesundheit zu treffen, bietet die ______________________ geeignete Programme an.

Kann ein Mensch nicht mehr ohne Unterstützung leben, bietet die ______________________

passende Leistungen an.

3 Formulieren Sie eine Begründung, warum der Staat die abhängig Beschäftigten verpflichtet, Mitglied bei den Sozialversicherungen zu sein.

4 Erklären Sie, welche Versicherung bei einem Auffahrunfall mit dem Auto von den Beteiligten in Anspruch genommen wird. Beschreiben Sie die Leistungen dieser Versicherung.

5 Ordnen Sie den verschiedenen Versicherungen die passenden Aussagen zu:

Versicherungen	Aussagen
Krankenversicherung	Durch körperliche oder seelische Einschränkungen kann eine Arbeitnehmerin/ein Arbeitnehmer seinen Beruf nicht mehr ausüben.
private Haftpflichtversicherung	Als Folge eines Unfalls ist ein Aufenthalt in einer Rehabilitationsklinik notwendig.
Pflegeversicherung	Die Kosten eines Krankenhausaufenthaltes müssen übernommen werden.
Kaskoversicherung	Nach Verlust des Arbeitsplatzes zahlt der Staat einen Lohnersatz.
Arbeitslosenversicherung	Jeder Mensch kann durch einen kleinen Fehler anderen einen Schaden zufügen. Die/Der Geschädigte kann dann Schadenersatz verlangen.
Berufsunfähigkeitsversicherung	Menschen, die im täglichen Leben nicht mehr allein zurechtkommen, brauchen fremde Hilfe. Es fallen Kosten für diese Unterstützung an.
Unfallversicherung	Die Kosten für Schäden am eigenen Fahrzeug werden übernommen.

6 Mehmet hat mit seiner Freundin eine neue Wohnung bezogen. Außerdem haben sie nun seit 2 Wochen einen Hund als weiteres Familienmitglied.
Informieren Sie sich über den folgenden Link über die Hausratversicherung:
https://www.verbraucherzentrale.de/wissen/geld-versicherungen/weitere-versicherungen/hausratversicherung-auf-den-wert-der-einrichtung-kommts-an-13889

Über folgenden Link erhalten Sie Informationen über die Tierhalterhaftpflichtversicherung:
https://www.verbraucherzentrale.de/wissen/geld-versicherungen/weitere-versicherungen/haftpflichtversicherung-fuer-haustiere-33442

a) Beschreiben Sie die Leistungen der beiden Versicherungen.

S. 100-

b) Beurteilen Sie anschließend, ob Mehmet und seine Freundin sich für eine oder beide Versicherungen entscheiden sollten.

7.3 Sozialversicherungen

Einstiegssituation

Victoria ist im 3. Ausbildungsjahr zur Fachinformatikerin. Da sie Mitglied der Jugendvertretung in ihrem Ausbildungsunternehmen ist, hat sie die Aufgabe übernommen, die neuen Auszubildenden über die Sozialversicherungen zu informieren. Deshalb bereitet sie sich intensiv auf das Thema vor, um möglichst alle Fragen sicher beantworten zu können.

Arbeitsaufgaben

1. Ergänzen Sie die Übersicht zu den 5 Säulen der Sozialversicherungen.

00–107

	Krankenversicherung	Pflegeversicherung	Unfallversicherung	Rentenversicherung	Arbeitslosenversicherung
Versicherte					
Leistungen					
Finanzierung					

S. 100-

2 Kreuzworträtsel zu den Sozialversicherungen

1. Leistung, die von der Arbeitslosenversicherung gezahlt wird: …
2. Grundlage für die Berechnung des Beitrages zur Krankenversicherung: …
3. Zielgruppe der Pflegeversicherung: …
4. Vertragsprinzip, das der Rentenversicherung zugrunde liegt: …
5. Art des Unfalls, für den eine gesetzliche Unfallversicherung aufkommt: …
6. Sozialversicherung, die sich auch um die gesundheitliche Vorsorge kümmert: …
7. Art der Altersvorsorge: …
8. Art der Rente, die von einem Unternehmen gezahlt wird: …
9. Die Beiträge der Arbeitslosenversicherung werden vom Arbeitnehmer bezahlt und vom …
10. Versicherung, die eng mit der Krankenversicherung verbunden ist: …

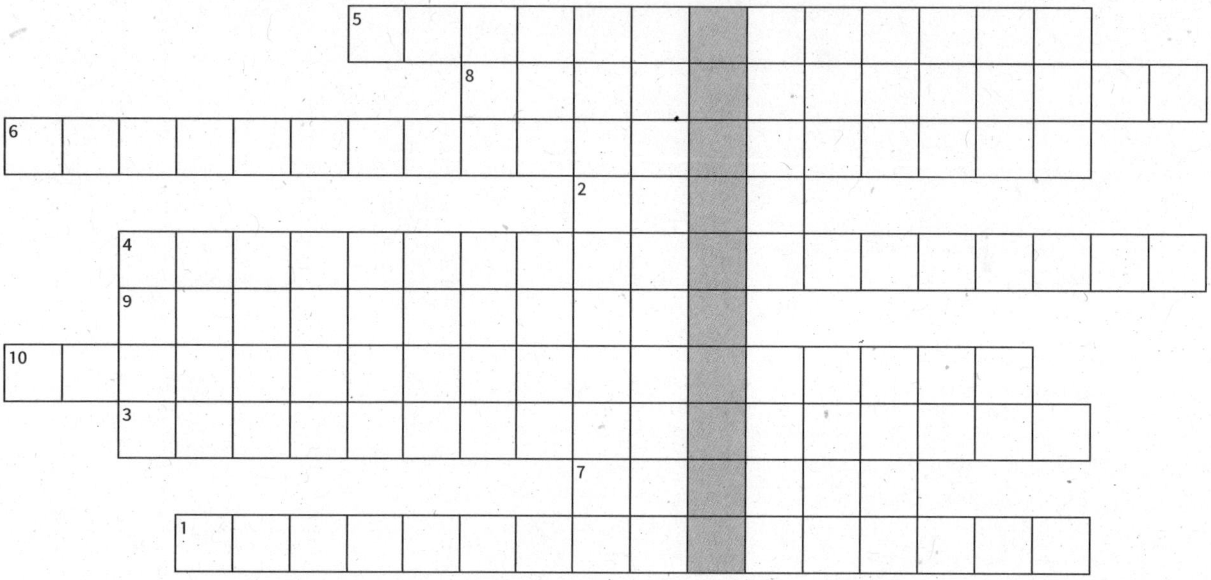

3 Richtig oder falsch?

Aussagen	Richtig	Falsch
Die Pflegeversicherung zahlt nur, wenn die pflegebedürftige Person in einem Pflegeheim versorgt wird.		
Bei der Unfallversicherung zahlt der/die Arbeitgeber/-in allein den Beitrag.		
Ist das Gehalt eines Arbeitnehmers/einer Arbeitnehmerin höher als die Beitragsbemessungsgrenze, dann kann er/sie wählen, ob er/sie in der gesetzlichen Versicherung bleibt oder eine private Krankenversicherung wählt.		
Die Kfz-Haftpflichtversicherung zählt zu den gesetzlichen Sozialversicherungen.		
Die Beitragssätze sind in allen gesetzlichen Sozialversicherungen gleich.		
Die Höhe der ausgezahlten Rente richtet sich danach, wie viel man in seinem Erwerbsleben an Rentenbeiträgen gezahlt hat.		
Die Finanzierung der gesetzlichen Rente ist kein Problem.		
Die gesetzliche Unfallversicherung kommt nur für Unfälle auf, die am Arbeitsplatz oder auf dem Arbeitsweg passieren.		

04–105

4 Generationenvertrag

Karikatur von Horst Haitzinger, 2012

Erläutern Sie die Aussage der Karikatur im Hinblick auf die Rentenfinanzierung.

S. 105-

5 Ausgelöst durch die demografische Entwicklung in Deutschland (immer weniger junge Menschen stehen einer ständig wachsenden Gruppe von Rentnern gegenüber) reichen die Zahlungen der gesetzlichen Rente nach dem Berufsleben nicht mehr aus. Aus diesem Grund soll die Altersvorsorge auf einem „Drei-Säulen-System“ aufbauen.
Beschreiben Sie dieses Säulensystem. Begründen Sie anschließend den Vorteil gegenüber einer rein gesetzlichen Rentenversicherung.

7.4 Sozialgerichtsbarkeit

Einstiegssituation

Luisa ist im 1. Jahr zur Ausbildung im Friseurhandwerk. Für ihre Ausbildung ist sie in eine andere Stadt gezogen und bewohnt dort ein kleines Appartement. Da Luisa nach Abzug ihrer Miete nur 350,00 € für den Lebensunterhalt bleiben, hat sie ergänzende Sozialhilfe beantragt. Nachdem das Sozialamt den Antrag abgelehnt hat, möchte Luisa rechtlich gegen die Ablehnung vorgehen.

Finden Sie durch Lösen der Aufgaben heraus, welche Wege Luisa offen stehen.
Nachdem Sie die Aufgaben gelöst haben, können Sie den beiden bestimmt ein paar Tipps geben.

Arbeitsaufgaben

1. Vervollständigen Sie den Text, indem Sie die jeweiligen Fachbegriffe in die Lücken eintragen: *Richter, Klage (2x), Sozialgerichte, Vergleich, Instanzen, Pflegeversicherung, Revision, Urteile, Rentenversicherung, Landessozialgericht.*

Die ________________ beschäftigen sich mit Streitigkeiten in den Bereichen der gesetzlichen Krankenversicherung, ________________________ ________ Arbeitslosenversicherung oder auch der Unfallversicherung und Sozialhilfe. Erst nachdem bereits ein Widerspruch gegen einen Bescheid einer Sozialversicherung eingereicht wurde, kann in einem weiteren Schritt ____________ vor dem Sozialgericht erhoben werden.

Die Sozialgerichtsbarkeit umfasst drei ______________. Die erste Instanz ist das Sozialgericht vor Ort. Die zweite Instanz ist das ________________________, das in jedem Bundesland zu finden ist. Das Bundessozialgericht ist die höchste Instanz. An diesem Gericht kann eine Revision eingereicht werden. ____________ bedeutet, dass dieses Gericht ____________ untergeordneter Instanzen nochmals überprüfen kann.

Wird ____________ bei einem Sozialgericht erhoben, so wird der Sachverhalt genauer untersucht. Es werden Auskünfte, Gutachten eingeholt oder auch eine Einsicht in die Akten beantragt. Am Ende der Verhandlung verkündet der ____________ ein Urteil oder man einigt sich auf einen Vergleich. ______________ bedeutet, dass sich die Parteien auf einen Kompromiss einigen.

Vgl. Krankenkassennetz.de GmbH: Sozialgericht. In: https://www.krankenkasseninfo.de/. Unter https://www.krankenkasseninfo.de/zahlen-fakten/lexikon/sozialgericht [16.06.2023].

S. 108-

2 In welchen Fällen ist ein Sozialgericht zuständig? Kreuzen Sie an.

Streit über die Höhe der Rente	
Verhandlung über das Sorgerecht eines Elternteils nach einer Scheidung	
Streit um Anerkennung eines Unfalls als Arbeitsunfall	
Klage gegenüber einem Nachbarn wegen Lärmbelästigung durch Hühnerhaltung	
Streit um Höhe des Pflegegrades	
Widerspruch gegen die Ablehnung einer Kur	

3 Luisa weiß nun, dass sie durch Einschaltung eines Sozialgerichtes ihre Interessen durchsetzen kann. Allerdings hat sie noch ein paar offene Fragen zum Verfahren bei einem Sozialgericht. Unterstützen Sie Luisa und finden Sie unter folgendem Link die Antworten.
https://www.familienratgeber.de/rechte-leistungen/rechte/sozialrechtsklage-schritt-fuer-schritt.php

a) Braucht man bei einem Sozialgericht einen Rechtsanwalt?

b) Mit welchen Kosten muss man bei einem Gerichtsverfahren rechnen?

8 Zielkonflikte: Subsidiarität, Eigenverantwortung, Solidarität und Nachhaltigkeit im Zusammenhang mit sozialer Sicherung

8.1 Entwicklung und Probleme der sozialen Sicherung

Einstiegssituation

Die WG von Nadia (25), Marek (23) und Azul (20) hat zur Pizza-Party eingeladen. Leider ist es kein schöner Anlass. Die WG hat nicht genug Geld, um die Wohnung zu bezahlen, denn Nadia hat ihren Job aufgegeben und fängt zu studieren an. Azul und Marek sind noch in der Ausbildung. Alle sind wegen der Ausbildung oder der Arbeit von außerhalb hierher gezogen. Ihre Freunde haben auch nicht viel Geld.

Vielleicht wissen Sie einen Rat. Recherchieren Sie die Begriffe Wohngeld, Berufsausbildungsbeihilfe (BAB), Studenten-BAföG im Internet und suchen Sie nach einer Lösung, indem Sie die Aufgaben lösen.

Arbeitsaufgaben

1. Erklären Sie das „Fürsorgeprinzip“ des sozialen Sicherungssystems mit einem Beispiel.

____

____

____

____

2. Ergänzen Sie den folgenden Text, indem Sie die richtigen Wörter einfügen:
Arbeitskosten, Ausland, Ältere, Beiträge, demografische Wandel, empfinden, mehr, nicht, Reformen, Steuern, Ungleichheit, weltweite Wettbewerb, weniger.

Die soziale Sicherung in Deutschland wird durch die ______________ der Sozialversicherungen und die ______________ vom Staat bezahlt. Die wirtschaftlichen und gesellschaftlichen Entwicklungen verändern die soziale Sicherung. Das eingenommene Geld reicht ______________ mehr aus. Deshalb kommt es immer wieder zu ______________, um die soziale Sicherung zu ermöglichen. Der ______________________ ist ein Grund. Die Beiträge werden von immer weniger Menschen gezahlt. Aber es gibt durch den medizinischen Fortschritt immer mehr ______________. Sie bekommen Geld in Form von Renten oder medizinischer Versorgung. Die Rente muss länger bezahlt werden, da die Menschen älter werden als früher. Der medizinische Fortschritt kostet ebenfalls mehr als früher. So kommt es bei ______________ Einnahmen

S. 112–

(wenige Erwerbstätige) zu __________ Ausgaben für Rente und medizinischen Fortschritt. Ein 2. Grund ist die gefühlte __________. Der Staat bietet viel Hilfe an. Doch ist es für einige nicht klar, wo und ob sie Hilfe bekommen. Somit __________ sie es als ungerecht, wenn anderen kostenlos geholfen wird. Die Menschen lehnen das System zunehmend ab. Ein möglicher 3. Grund ist der __________. Die Ware aus anderen Ländern ist manchmal billiger. Denn die Unternehmen in Deutschland müssen mehr für die Herstellung der gleichen Ware bezahlen. Die __________ sind in Deutschland sehr hoch. Die Unternehmen müssen nicht nur den Bruttolohn, sondern auch Beiträge zur Sozialversicherung zahlen. Um weniger Arbeitskosten zu haben, könnte ein Unternehmen im __________ die Ware herstellen lassen. Dadurch würde Deutschland weniger Steuern und Sozialversicherungsbeiträge erhalten. Die soziale Sicherung könnte nicht mehr bezahlt werden.

3. Vervollständigen Sie mithilfe des obigen Textes die nachfolgende Grafik über die Probleme der sozialen Sicherung.

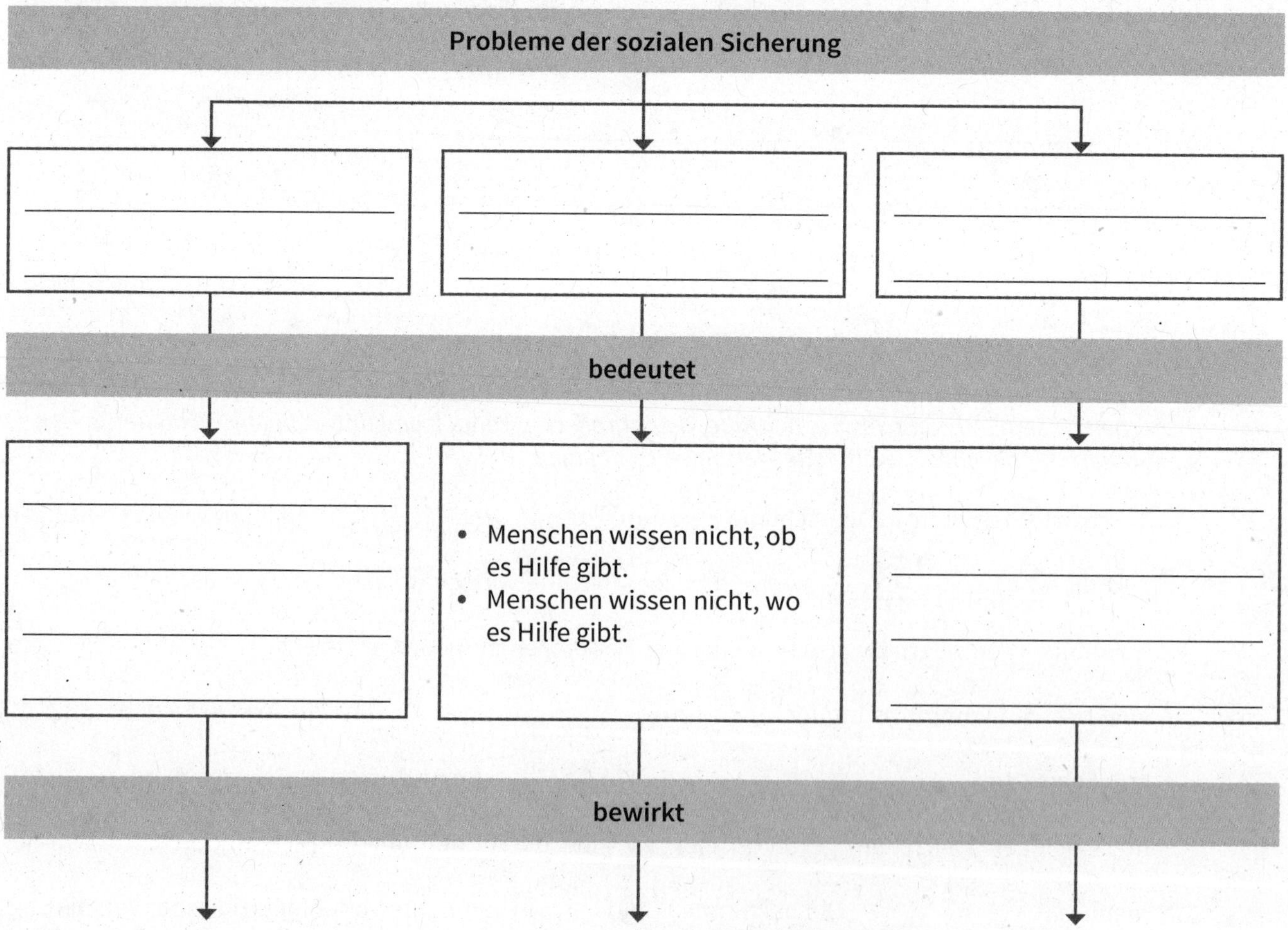

Die soziale Sicherung könnte nicht mehr ____________ und ____________ werden.

8.2 Individuelle Vermögensbildung

Einstiegssituation

Danica und Georgi möchten sich einige Träume erfüllen. Sie wollen eine Weltreise machen und ein neues Auto kaufen. Sie sind kürzlich zusammengezogen und möchten ihre gemeinsame Wohnung gerne komplett neu einrichten. Da sie sich aber auch Gedanken über ihre Zukunft machen, möchten sie zudem für das Alter etwas ansparen. Deshalb lassen sie sich von einer Finanzexpertin beraten.

Arbeitsaufgaben

1. Sie haben Ihre Abschlussprüfung als Beste(r) bestanden und erhalten 1.000,00 Euro Förderprämie. Sie müssen noch einen Kredit von 1.000,00 Euro mit 8 % zurückzahlen. Eine andere Bank bietet Ihnen 3 %, wenn Sie den Betrag 1 Jahr anlegen. Begründen Sie Ihre Entscheidung.

____

____

____

S. 118-

❷ Kreuzen Sie Top oder Flop bei den nachfolgenden Tipps für die Geldanlage an und tragen Sie die korrekte Lösung ein.

Tipp	Top	Flop
Der Sparbetrag sollte möglichst auf verschiedene Geldanlagen verteilt sein, damit der Verlust einer Geldanlage vielleicht durch den Gewinn einer anderen ausgeglichen wird.		
Das Tagesgeldkonto ist die beste Geldanlage. Denn geringes Risiko wird mit hoher Rendite bzw. Zinsen belohnt.		
Je länger auf das Geld verzichtet werden kann, desto höher können Renditen sein oder Verluste ausgeglichen werden.		
Manche Geldanlagen haben versteckte Kosten. Es können Gebühren oder höhere Preise sein. Diese Kosten werden durch höhere Rendite ausgeglichen. Sie müssen nicht beachtet werden.		

8–121

Tipp	Top	Flop
Das Festgeld bringt keine hohen Zinsen, aber ein vorher festgelegter Betrag kann jederzeit ausgezahlt werden.		
Eine Faustregel für Geldanlagen ist: Je höher das Risiko ist, desto höher ist die Rendite. Mit Aktien kann einerseits viel Geld verdient werden. Andererseits kann das gesamte Geld auch weg sein.		
Wer eine komplizierte Geldanlage nicht versteht, sollte seinem Bauchgefühl folgen. Diese Geldanlagen bringen die besten Renditen.		

3 Danica hat eine Prämie von 1.500,00 € erhalten. Diesen Betrag könnte sie für ein Jahr anlegen. Sie hat im Internet die nachfolgenden Anlagen entdeckt. Helfen Sie Danica, sich für die Geldanlage mit der höchsten Rendite zu entscheiden, indem Sie den jeweiligen Gewinn berechnen. (Für die Schnellen: Berechnen Sie die jeweilige Rendite.)

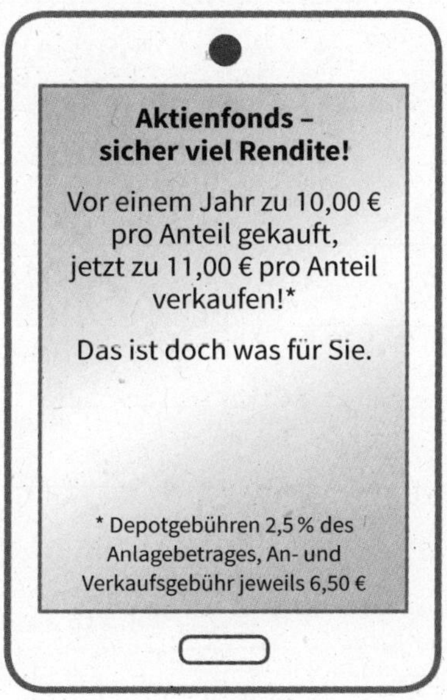

S. 118-

8.3 Steuern und Transferleistungen des Staates

Einstiegssituation

Dalila macht ihre Steuererklärung mit einem kostenlosen Programm. Gestern im Park sprach sie mit ihren Freunden über Steuern und Kiana kannte sich gut aus. Dalila hat Probleme mit der Steuererklärung und ruft Kiana an:

Dalila: „Hi, hast du gerade Zeit?"

Kiana: „Ja, sitz gerade im Café mit Szymon. Was ist los?"

Dalila: „Alles okay. Ich mache gerade die Steuererklärung. Ich dachte, die App hilft mir, aber ich verstehe trotzdem nichts. Werbungskosten, Einkünfte, außergewöhnliche Belastungen, haushaltsnahe Dienstleistungen. Ich bin verwirrt."

Kiana: „Kein Problem. Szymon und ich verabschieden uns gerade. Ich fahr zu dir und helf dir."

Sie kennen sich auch schon gut aus. Bringen Sie Ordnung ins Begriffschaos, indem Sie die Arbeitsaufgaben lösen.

Arbeitsaufgaben

1. Entscheiden Sie, ob die nachfolgenden Beispiele zu den Werbungskosten, Sonderausgaben oder außergewöhnlichen Belastungen zählen. Setzen Sie ein Kreuz an die richtige Stelle.

Beispiel	Werbungskosten	Sonderausgaben	Außergewöhnliche Belastungen
Altersvorsorge			
Fahrtkosten zur Arbeit			
Krankheitskosten			
Spenden			
Fachbücher			
Arbeitskleidung			
Kosten für die Meisterprüfung			
Unterstützung bedürftiger Kinder			
Kosten für die Erstausbildung			
Bewerbungskosten			

S. 124

2 Nennen Sie 3 Gründe, eine Einkommensteuererklärung freiwillig zu machen.

3 Der Staat erhält von Organisationen, Unternehmen, Bürgerinnen und Bürgern Geld. Diese Zahlungen nennen sich „Abgaben“. Ordnen Sie die nachfolgenden Definitionen den einzelnen Abgaben zu, indem Sie Linien zeichnen.

Definitionen		Abgaben
Zahlung an ein öffentliches Unternehmen für eine bestimmte Leistung		Steuer
Zahlung an den Staat für Kauf und Verkauf von Waren über die Grenze		Gebühr
Zahlung an die öffentliche Verwaltung für eine bestimmte Leistung		Beitrag
Zahlung an den Staat ohne Gegenleistung		Zoll

9 Individuelle Lebensplanung und gesellschaftliches Umfeld: Selbstverantwortliches und unternehmerisches Denken als Perspektive der Berufs- und Lebensplanung

Einstiegssituation

Merles große Schwestern haben sie zum Essen eingeladen. Sie wollen Merle aufmuntern und auf andere Gedanken bringen. Alle wissen, wie schwer es sein kann, nach dem Ende der Schulzeit eine Ausbildung anzufangen. Sie erzählen, wie sie es geschafft haben, den Mut nicht zu verlieren.

Aliya: „Mir hat geholfen, eine Liste zu machen, was ich gut kann, was nicht, was mich glücklich macht."

Sadia: „Ich habe mir immer erreichbare Ziele gesteckt."

Yara: „Ich habe mich entschieden, die Erwartungen der anderen nicht zu erfüllen. Ich habe länger gearbeitet und deswegen musste Dalia länger in der Kita bleiben."

Was hat Ihnen geholfen? Geben Sie mit Hilfe der Aufgabenlösungen Merle noch einen Tipp.

Arbeitsaufgaben

1. Definieren Sie den Begriff Selbstreflexion.

___

___

___

2. Versetzen Sie sich in folgende Situation: „Seit 6 Monaten machen Sie die gleiche Arbeit." Formulieren Sie mögliche Fragen oder Sätze, die Ihnen in dieser Situation durch den Kopf gehen könnten.

___

___

___

___

___

___

___

___

___

S. 133

3 Ordnen Sie die Beispiele der jeweils richtigen Kompetenz zu.

Beispiel	Sozial-kompetenz	Fach-kompetenz	Methoden-kompetenz	Personal-kompetenz
Merle strukturiert die verschiedenen Probleme.				
Merle arbeitet selbstständig an der Aufgabe.				
Merle fällt es leicht, mit anderen über Probleme zu reden.				
Merle verwendet die SMART-Methode, um ihre persönlichen Ziele zu formulieren.				
Merle kennt die Bedeutung berufsspezifischer Fachbegriffe.				
Merle besteht nicht auf ihrer Meinung, sondern sucht eine gemeinsame Lösung.				
Merle stellt sich schnell auf veränderte Betriebsabläufe ein.				
Merle kennt sich gut in Text- und Präsentationsprogrammen aus.				

4 Die SMART-Methode ist eine Möglichkeit, persönliche oder berufliche Ziele zu formulieren. Dabei sollen 5 Schritte helfen. Ordnen Sie den 5 Schritten die jeweils richtige Beschreibung zu.

simpel	Ziele müssen ein festes Datum haben.
messbar	Ziele müssen erreichbar sein.
attraktiv	Ziele müssen gemessen werden können.
realistisch	Ziele müssen genau und einfach sein.
terminiert	Ziele müssen positiv und ansprechend sein.

5 Merle ist Auszubildende und verdient 900,00 €. Sie möchte nächstes Jahr im Juni einen Urlaub mit ihren Freunden machen. Formulieren Sie für sie das Ziel „Ich möchte Geld sparen“ mit der SMART-Methode Schritt für Schritt um.

S: ______________________________

M: ______________________________

A: ______________________________

R: ______________________________

____

T: ______________________________

____

6 Emilia, die Freundin von Merle, ist jeden Tag 6 bis 8 Stunden online zum Streamen, Spielen oder Chatten. Formulieren Sie für Emilia das Ziel „Ich will weniger online sein“ mit der SMART-Methode Schritt für Schritt um.

S: ______________________________

M: ______________________________

A: ______________________________

____

R: ______________________________

____

____

T: ______________________________

____

____

____

____

Alternativ:

S: ______________________________

M: ______________________________

A: ______________________________

R: ______________________________

____

T: ______________________________

____

____

____

____

S. 137

7 Begründen Sie Ihre Entscheidung, ob es sich um einen Intra-Rollenkonflikt oder einen Inter-Rollenkonflikt handelt.

a) Merle hat heute ihren letzten Arbeitstag vor ihrem Urlaub. Ihre Chefin erwartet, dass sie heute länger arbeitet, denn der Auftrag muss fertig werden. Merle ist verärgert. Denn ihre Mutter hat heute Geburtstag und sie erwartet sie pünktlich zur Familienfeier. Außerdem erwartet sie ihre Freundin Emilia, um die letzten Details für den Urlaub zu besprechen.

____

____

____

____

____

____

b) Merle mag ihre Ausbildung. Doch manchmal weiß sie nicht, wie sie die an sie gestellten Erwartungen erfüllen kann. Der Meister erwartet ordentliche Arbeit, auch wenn es etwas länger dauert. Die Chefin ihres Betriebes erwartet schnelle Arbeit und unbezahlte Überstunden, da sonst die Kosten steigen. Die Eltern erwarten gute Noten in der Berufsschule, obwohl sie in Mathe sehr schlecht ist.

____

____

____

____

10 Unternehmensanalysen

10.1 Aufgaben, Aufbau und Ziele von Betrieben und Unternehmen

Einstiegssituation

Max, Mara und Omar treffen sich regelmäßig zum Training im Fitnessstudio. Sie sind alle Auszubildende in unterschiedlichen Berufen. Max wird Landwirt auf dem Hof seines Onkels, Omar macht eine Ausbildung zum Anlagemechaniker in einem Maschinenbauunternehmen und Mara wird Fachinformatikerin bei einer großen Bank. Nach dem Training unterhalten sich die drei über ihre Unternehmen. Sie vergleichen dabei die hergestellten Produkte und Dienstleistungen, die Ziele und auch den innerbetrieblichen Aufbau ihrer Ausbildungsunternehmen.

Arbeitsaufgaben

1. Ordnen Sie den einzelnen Sektoren die verschiedenen Unternehmen zu:
Bergwerk, Bank, Gesellschaft für Datenverarbeitung, Kiesgrube, Hotel, Bauernhof, Maschinenbauunternehmen, Autohändler, chemische Industrie, Bäcker, Wirtschaftsberater.

Primärer Sektor	
Sekundärer Sektor	
Tertiärer Sektor	
Quartärer Sektor	

S. 142

❷ Wie entwickeln sich die verschiedenen Wirtschaftssektoren in unserer Volkswirtschaft? Analysieren Sie das abgebildete Säulendiagramm im Hinblick auf die Verteilung der Erwerbstätigen.

Erwerbstätige nach Wirtschaftssektoren
Anteile in Prozent, 1950 bis 2019

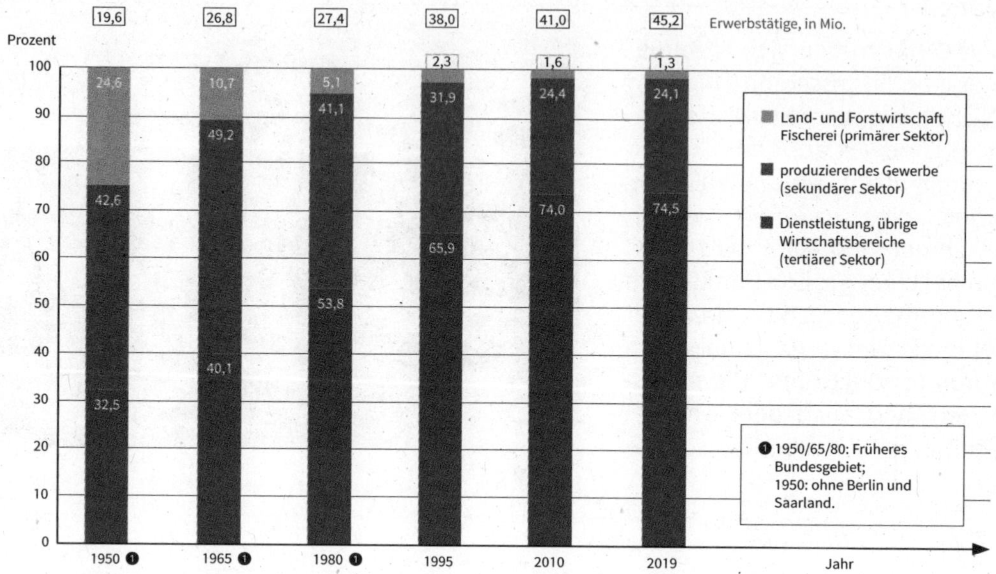

Quelle: Statistisches Bundesamt: Ergebnisse der Erwerbstätigenrechnung im Rahmen der Volkswirtschaftlichen Gesamtrechnungen (VGR)

❸ Das Maschinenbauunternehmen, bei dem Omar seine Ausbildung macht, weist folgende Organisation auf:

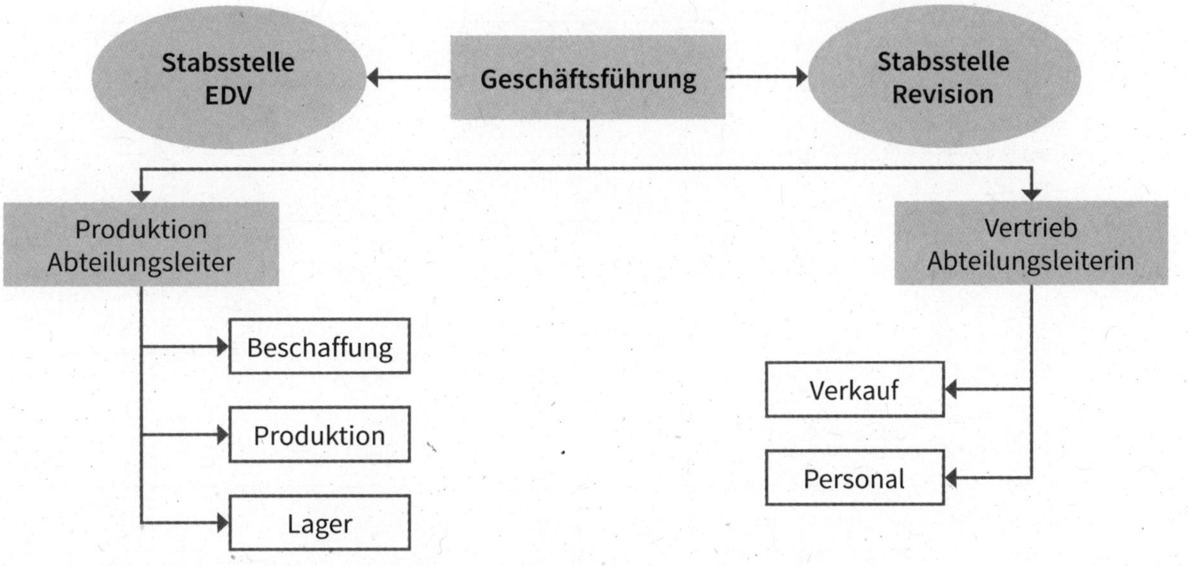

a) Benennen und beschreiben Sie die Organisationsform.

S. 144–

b) Erörtern Sie Vorteile und Nachteile der Organisationsform.

Vorteile:

Nachteile:

c) Maras Ausbildungsunternehmen, die Bank, ist nach dem Organisationsprinzip des Mehrliniensystem aufgebaut.
Vergleichen Sie diese Organisationsform mit der oben abgebildeten Organisationsform.

4 Entscheiden Sie, ob es sich bei den folgenden Fällen um ein ökonomisches Ziel (1), ökologisches Ziel (2) oder soziales Ziel (3) handelt.

a) Beim Druckerpapier verwendet die Maschinenbau B&C GmbH Recyclingpapier. ☐

b) Die B&C GmbH hält zwei Drittel ihrer Deutschland-Konferenzen online ab. ☐

c) Das Maschinenbauunternehmen investiert in eine moderne Produktionsanlage und spart dadurch Energiekosten. ☐

d) Die B&C GmbH eröffnet im neuen Jahr einen Betriebskindergarten. ☐

e) Der Gewinn der B&C GmbH hat sich im letzten Jahr erhöht. ☐

f) Das Unternehmen hat eine neue Photovoltaik-Anlage auf dem Dach installiert und produziert nun eigenen Strom. ☐

g) Die Beschäftigten der B&C GmbH haben die Möglichkeit, sich regelmäßig weiterzubilden. ☐

5 Finden Sie aus den Zielen aus Aufgabe 4 Beispiele für Zielkonflikte.

____

____

____

____

____

____

Zielharmonie:

____

____

____

____

____

S. 148–

10.2 Wirtschaftliche Verflechtungen

Einstiegssituation

Das Ausbildungsunternehmen von Omar, die Maschinenbau ITMX GmbH, möchte gegenüber der Konkurrenz aus China wettbewerbsfähig bleiben und plant deshalb umfangreiche Investitionen in Forschung und Entwicklung. Die Belegschaft wurde in einem Rundschreiben darüber informiert, dass man zukünftig mit der Maschinenbau-EXPERT GmbH auf dem Gebiet der Forschung und Entwicklung kooperiert.
Omar, dem die Hintergründe einer Kooperation zwischen Unternehmen noch unverständlich sind, bittet seinen Ausbilder, ihn über das Thema näher aufzuklären.

Arbeitsaufgaben

1. Tragen Sie die zutreffenden Fachbegriffe zum Thema Unternehmenszusammenschlüsse in den Text ein: *diagonalen Konzern, Fusion, Fusionen, horizontalen, Interessengemeinschaft, Kartell, Kartellamt, Kooperation, Konzern, Mischkonzern, Muttergesellschaft, rechtliche, selbstständig, verschmelzen, wirtschaftliche (2x), Wettbewerb.*

Ein Unternehmenszusammenschluss ist der Vertrag zwischen zwei oder mehreren Unternehmen, in dem eine Zusammenarbeit vereinbart wird. Dabei kann es sich um eine ____________________, einen ____________________ oder eine ____________________ handeln.

Bei einer Kooperation arbeiten die Unternehmen eng zusammen, bleiben aber rechtlich und wirtschaftlich ____________________. Die ____________________ oder das ____________________ sind Arten der Kooperation.

Bei einem Konzern geben die Unternehmen ihre ____________________ Unabhängigkeit auf und werden unter die Leitung einer ____________________ gestellt. Bilden mehrere Unternehmen aus einer Branche (z. B. chemische Industrie) einen Konzern, so nennt man diesen einen ____________________ Konzern. Schließen sich dagegen ein IT-Unternehmen, eine Versicherung, ein Elektronikunternehmen und ein Hotelbetrieb zusammen, so nennt man diese Art von Konzern einen ____________________/____________________.

Ein noch engerer Zusammenschluss sind die ____________________, da die beteiligten Unternehmen ihre ____________________ und ____________________ Selbstständigkeit aufgeben. Sie ____________________ zu einem Unternehmen.

Unabhängig vom jeweiligen Zusammenschluss prüft das ____________________, ob die Unterneh-

48–151

men nicht zu viel Marktmacht erhalten und dadurch den ____________________ ausschalten. Ist das der Fall, untersagt es den Firmen die Zusammenarbeit oder Fusion.

2 Lösen Sie das Kreuzworträtsel.

1. Verschmelzung von Unternehmen: …
2. Ein Konzern, bei dem sich Unternehmen aus verschiedenen Produktionsstufen zusammenschließen, ist …
3. Unternehmen, das abhängig von der Muttergesellschaft ist: …
4. Unternehmen, die für ihre gleichartigen Produkte denselben Preis verlangen: …
5. Zusammenschluss, wenn Unternehmen rechtlich und wirtschaftlich selbstständig bleiben: …
6. Jedes beteiligte Unternehmen verkauft seine Produkte in einem zugeteilten Gebiet: …
7. Ein schwächeres Unternehmen wird von einem stärkeren Unternehmen geschluckt: Fusion durch …
8. Organisation, die den Zusammenschluss von Unternehmen, die zu mächtig werden, verbieten kann: …
9. Bei einem Kartell verzichten die Unternehmen auf einen Teil ihrer Selbstständigkeit, bleiben aber … selbstständig.
10. Grund für den Zusammenschluss von Unternehmen: …

Lösungswort:

						W		B	

S. 149-

3 Informieren Sie sich über die Marktmacht der digitalen Konzerne.

„Marktmacht der Giganten – Für Google und Co. wird es schwieriger, die Macht zu halten

Amazon, Apple, Alphabet, Facebook und Microsoft haben diese Woche alle ihre neusten Geschäftszahlen vorgelegt. Fast 75 Milliarden Dollar verdienten allein diese fünf mit ihren Plattformen, Dienstleistungen und digitalen Werbekanälen zwischen Januar und März – also in den ersten drei Monaten dieses Jahres. Es ist offensichtlich: Die Konzerne sind zu sehr gut geschmierten Geldmaschinen geworden, die heute die digitale Welt dominieren.

Dominanz im Cyber-Space

Internetsuche, Onlineshopping, Soziale Medien, digitale Werbung und Cloud Dienstleistungen: alles ist fest in den Händen der US-amerikanischen Tech-Giganten. Wer heute online geht, kommt kaum um die Dienstleistungen dieser Firmen herum. Warum auch: Die Suchmaschine liefert die nötigen Ergebnisse, Instagram unterhält uns prächtig und der Gruppenchat auf WhatsApp läuft nach wie vor rund.

Dass diese Riesenfirmen den Cyber-Space dermassen prägen, ist kein Zufall, sondern das Resultat vieler Jahre präziser Strategie. Google, Facebook, Amazon und Co haben ihr Angebot immer wieder neu tariert, Dienstleistungen erweitert und verbessert. Dabei wurde enorm viel Geld investiert. Denn die Konzerne zementierten ihre Führungsposition auch, in dem sie gezielte Übernahmen tätigten. Allein in den vergangenen zehn Jahren haben die amerikanischen Tech-Giganten, hunderte Technologie-Startups und -Firmen in den USA, Asien und Europa aufgekauft.

Konkurrenz Ausschalten

Häufig ging es dabei darum, an die klugen Köpfe hinter den innovativen Entwicklungen zu kommen und eine wachsende Konkurrenz zu vermeiden. So schluckte man Rivalen, bevor sie gross und gefährlich wurden.

Genau das wird den amerikanischen Technologie-Giganten inzwischen vorgeworfen. Mit ihrem Geschäftsgebaren, dem Aufkaufen von potenziellen Konkurrenten, hätten sie die Innovation im digitalen Markt insgesamt behindert.

Klagen und neue Gesetze

So lautet ein zentraler Vorwurf in den Klagen gegen Google und Facebook, die Ende letzten Jahres in den USA eingereicht wurden.

Aber nicht nur in den Klagen von Behörden-Seite, sondern auf Gesetzes-Ebene sind Übernahmeaktivitäten der Tech-Multis inzwischen aufs Tapet gekommen. Entsprechende Gesetzesvorschlägen in der EU und jüngst nun auch in den USA wollen diese Geschäfts-Praxis einschränken.

Es deutet also vieles darauf hin, dass es für die amerikanischen Tech-Giganten künftig schwieriger wird mit ihren Milliarden-Gewinnen innovative Firmen und potenzielle Konkurrenten zu übernehmen und so den digitalen Markt weiter zu kontrollieren."

Quelle: Emch, Samuel: Für Google und Co. wird es schwieriger, die Macht zu halten. SRF vom 30.04.2021. Unter https://www.srf.ch/news/wirtschaft/marktmacht-der-giganten-fuer-google-und-co-wird-es-schwieriger-die-macht-zu-halten [13.02.2023]

a) Erläutern Sie, wie die Marktmacht der digitalen Konzerne zustande kommt.

b) Beschreiben Sie die Gefahren, die vom Verhalten der Konzerne ausgehen.

c) Nennen Sie geplante Strategien, mit denen man die Marktmacht zukünftig eingrenzen möchte.

d) Diskutieren Sie: Sollte man als User/-in zukünftig auf die Dienste von Google und Co. verzichten?

S. 152–

10.3 Rechtsformen am Beispiel einer Personen- und Kapitalgesellschaft

Einstiegssituation

Nisa, Samanta und Marcel werden in ein paar Monaten ihre Ausbildung zur/zum Mediengestalterin/Mediengestalter beenden. Während ihrer Ausbildungszeit haben die drei Auszubildenden gemeinsam an verschiedenen Projekten gearbeitet. Die Zusammenarbeit funktioniert gut. Deshalb planen die drei, nach der Ausbildung ein eigenes Unternehmen zu gründen. Eine grundlegende Entscheidung dabei ist die Wahl einer geeigneten Rechtsform für ihr Unternehmen.
Helfen Sie Nisa, Samanta und Marcel in ihrer Entscheidung, indem Sie die Aufgaben bearbeiten.

Arbeitsaufgaben

1. Erstellen Sie eine Liste von Kriterien, die bei der Auswahl einer Rechtsform eines Unternehmens von Bedeutung sind.

2. Nisa, Samanta und Marcel haben die OHG und die GmbH in die engere Wahl genommen. Sie müssen sich jetzt für eine der beiden Rechtsformen entscheiden.

   a) Unterstützen Sie die Entscheidung, indem Sie die beiden Rechtsformen mithilfe der folgenden Kriterien miteinander vergleichen.

	Mindestkapital	Geschäftsführung	Haftung	Gewinnverteilung
OHG				
GmbH				

b) Unterbreiten Sie den drei jungen Mediengestaltern einen begründeten Vorschlag für ihre Wahl der Rechtsform.

3 Nisa, Samanta und Marcel haben sich für die Rechtsform der OHG entschieden.
Sie einigen sich darauf, dass jede/ jeder von ihnen Einzelgeschäftsführungs- und Einzelvertretungsbefugnis hat.
Direkt nach ihrem erfolgreichen Berufsabschluss beginnen sie mit den Geschäften der OHG.
Schnell tauchen verschiedene offene Fragen und Probleme auf. Lösen Sie diese mithilfe der folgenden Gesetzesauszüge.

S. 153-

§

§ 115 HGB
(1) Steht die Geschäftsführung allen oder mehreren Gesellschaftern zu, so ist jeder von ihnen allein zu handeln berechtigt; widerspricht jedoch ein anderer geschäftsführender Gesellschafter der Vornahme einer Handlung, so muß diese unterbleiben.
(2) Ist im Gesellschaftsvertrage bestimmt, daß die Gesellschafter, denen die Geschäftsführung zusteht, nur zusammen handeln können, so bedarf es für jedes Geschäft der Zustimmung aller geschäftsführenden Gesellschafter, es sei denn, daß Gefahr im Verzug ist. [...]

§ 123 HGB
(1) Die Wirksamkeit der offenen Handelsgesellschaft tritt im Verhältnisse zu Dritten mit dem Zeitpunkt ein, in welchem die Gesellschaft in das Handelsregister eingetragen wird.
(2) Beginnt die Gesellschaft ihre Geschäfte schon vor der Eintragung, so tritt die Wirksamkeit mit dem Zeitpunkte des Geschäftsbeginns ein, soweit nicht aus § 2 oder § 105 Abs. 2 sich ein anderes ergibt.
(3) Eine Vereinbarung, daß die Gesellschaft erst mit einem späteren Zeitpunkt ihren Anfang nehmen soll, ist Dritten gegenüber unwirksam. [...]

§ 125 HGB
(1) Zur Vertretung der Gesellschaft ist jeder Gesellschafter ermächtigt, wenn er nicht durch den Gesellschaftsvertrag von der Vertretung ausgeschlossen ist.
(2) Im Gesellschaftsvertrage kann bestimmt werden, daß alle oder mehrere Gesellschafter nur in Gemeinschaft zur Vertretung der Gesellschaft ermächtigt sein sollen (Gesamtvertretung). Die zur Gesamtvertretung berechtigten Gesellschafter können einzelne von ihnen zur Vornahme bestimmter Geschäfte oder bestimmter Arten von Geschäften ermächtigen. Ist der Gesellschaft gegenüber eine Willenserklärung abzugeben, so genügt die Abgabe gegenüber einem der zur Mitwirkung bei der Vertretung befugten Gesellschafter. [...]

§ 126 HGB
(1) Die Vertretungsmacht der Gesellschafter erstreckt sich auf alle gerichtlichen und außergerichtlichen Geschäfte und Rechtshandlungen einschließlich der Veräußerung und Belastung von Grundstücken sowie der Erteilung und des Widerrufs einer Prokura.
(2) Eine Beschränkung des Umfanges der Vertretungsmacht ist Dritten gegenüber unwirksam; dies gilt insbesondere von der Beschränkung, daß sich die Vertretung nur auf gewisse Geschäfte oder Arten von Geschäften erstrecken oder daß sie nur unter gewissen Umständen oder für eine gewisse Zeit oder an einzelnen Orten stattfinden soll.
(3) In betreff der Beschränkung auf den Betrieb einer von mehreren Niederlassungen der Gesellschaft finden die Vorschriften des § 50 Abs. 3 entsprechende Anwendung. [...]

§ 128 HGB
Die Gesellschafter haften für die Verbindlichkeiten der Gesellschaft den Gläubigern als Gesamtschuldner persönlich. Eine entgegenstehende Vereinbarung ist Dritten gegenüber unwirksam.

Fall 1
Am 15. März 202X soll die OHG-Gesellschaft ins Handelsregister eingetragen werden.
Am 10. März 202X kauft Marcel im Namen der OHG spontan bei der Büromöbel Maus GmbH drei Schreibtische und drei Schreibtischstühle. Er hatte das Sonderangebot entdeckt, das aber nur noch für den 10. März gültig war. Deshalb hat er ohne Zustimmung der anderen Gesellschafterinnen gehandelt.

a) Begründen Sie, ob Marcels Kaufvertrag mit der Büromöbel Maus GmbH gültig ist.

b) Nisa fühlt sich bei der Entscheidung übergangen und verlangt von Marcel, dass er den Kaufvertrag rückgängig macht. Bewerten Sie Nisas Forderung.

Fall 2
Die Büromöbel Maus GmbH hat am 20. März 202X eine Rechnung für die Schreibtische und Schreibtischstühle in Höhe von 3.500,00 € an die OHG geschickt. Da am 20. April 202X immer noch keine Zahlung vorliegt, wendet sich die Büromöbel Maus GmbH direkt an Nisa. Diese ist mittlerweile als Gesellschafterin der OHG ins Handelsregister eingetragen. Nisa ist entrüstet und verweist darauf, dass Marcel schließlich den Kaufvertrag abgeschlossen hat.
Bewerten Sie Nisas Reaktion.

Fall 3
Nisa und Samanta haben sich so sehr über den Alleingang von Marcel geärgert, dass sie beschließen, zukünftig nur noch gemeinsam die Geschäfte zu führen und auch nach außen hin nur gemeinsam die OHG vertreten wollen. Marcel, der die OHG nicht gefährden will, stimmt zu. Diese Vereinbarung wurde nur mündlich beschlossen. Bewerten Sie diese Entscheidung.

S. 158

11 Rolle der Verbraucher

11.1 Bedürfnisse – Bedarf – Kaufkraft

Einstiegssituation

Neben dem Arbeitsmarkt, auf dem man schon in seiner Ausbildung seine Arbeitskraft anbietet und dafür Einkommen erzielt, ist der Konsumgütermarkt ein zweiter Markt, auf dem die meisten Menschen aktiv sind. Als Verbraucher erhält man auf diesem Markt Produkte und zahlt dafür einen Teil des Einkommens. Das passiert oft täglich, ohne darüber nachzudenken, welche Rechte, Pflichten, aber auch welche Verantwortung man dabei übernimmt. Die eigene Verbraucherrolle zu reflektieren und auch ab und zu zu hinterfragen, macht mündige und kritische Konsumenten/Konsumentinnen.

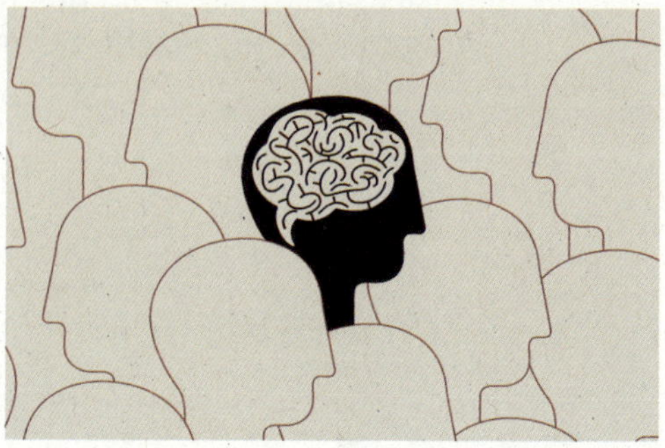

Arbeitsaufgaben

1. Entscheiden Sie, welche Art von Bedürfnis hinter den nachfolgenden Aktivitäten steht: *Grundbedürfnis – Kulturbedürfnis – Luxusbedürfnis.*

Wirtschaftliche Aktivität	Art des Bedürfnisses
Elon Musk hat für 44 Milliarden $ Twitter gekauft.	
Überschwemmungen haben im Jahr 2021 viele Häuser zerstört. Viele Betroffene brauchten deshalb neue Wohnungen.	
Marius hat sich in einem Fitnessstudio angemeldet.	
Zur Hochzeit schenken die Brauteltern dem Brautpaar eine Weltreise.	
In der Schulpause stellt sich Mariam am Kiosk an, um ein belegtes Brötchen zu kaufen.	
Nach seiner Ausbildung beginnt Jean eine Fortbildung zum Fachwirt.	
Mit dem Bürgergeld sollen Bedürftige sozial abgesichert sein.	

2. Erklären Sie an zwei Beispielen, wie aus einem Bedürfnis ein Bedarf wird.

59–160

3. Nach erfolgreichem Abschluss ihrer Berufsausbildung möchte sich Kim noch viele Wünsche erfüllen. Sie hat sich hingesetzt und diese spontan aufgeschrieben. Dabei entstand folgende Liste:
   - Kontakt aufnehmen mit einer alten Schulfreundin, die nun in Frankreich lebt
   - nach einer neuen Wohnung suchen
   - regelmäßig wieder im Fitnessstudio trainieren
   - nach ein paar Jahren die Ausbildung zur Meisterin machen
   - im Beruf Karriere machen
   - sich gesund und fleischarm ernähren
   - eine Weltreise machen
   - sich neu verlieben

   Sortieren Sie die nachfolgenden Bedürfnisse in die Bedürfnispyramide von Maslow ein.

11.2 Nachhaltigkeit des Verbrauchers

Einstiegssituation

Mehmet und Azur, die nun seit mehreren Monaten einen eigenen Haushalt führen, wollen zukünftig bewusster konsumieren und ihr Leben nachhaltiger gestalten.
Gemeinsam überlegen sie, wo sich Ansatzpunkte für einen umweltbewussteren Lebensstil ergeben und wie sie diese konkret umsetzen können.

Helfen Sie Mehmet und Azur bei ihren Überlegungen, indem Sie die Aufgaben lösen.

Arbeitsaufgaben

1. a) Definieren Sie den Begriff Nachhaltigkeit.

____

____

S. 162

b) Erläutern Sie an verschiedenen Beispielen, wie Verbraucher und Verbraucherinnen durch ihr Verhalten das Ziel der Nachhaltigkeit gefährden.

2 „Nachhaltig konsumieren“ ist der Titel eines Flyers, der bei jungen Konsumenten für einen verantwortungsbewussten Konsum wirbt.
Ergänzen Sie zu den jeweiligen Bildern einen erläuternden Text, der zu nachhaltigem Konsum aufrufen möchte.

62–164

S. 165-

11.3 Überschuldung und Haushaltsplan

Einstiegssituation

Marc und Fabian sind beide im 2. Ausbildungsjahr zum Mechatroniker bei einem großen Autounternehmen und gute Freunde geworden.
Nach dem Berufsschulunterricht fahren sie gemeinsam zu ihrem Ausbildungsunternehmen. Marc hat gespürt, dass Fabian etwas bedrückt, und spricht ihn darauf an.

Marc: „Du bist heute so schweigsam und bedrückt. Was ist los?“

Fabian: „Ich habe ein finanzielles Problem. Mein Kontoguthaben ist fast aufgebraucht, obwohl es noch acht Tage bis zur Gutschrift der Ausbildungsgehälter sind. Meine Eltern will ich auch nicht mehr anpumpen. Jeden Monat bin ich in derselben Situation.
Wie schaffst du es, nur mit deinem Ausbildungsgehalt auszukommen?“

Marc: „Ich mache mir jeden Monat einen genauen Haushaltsplan. Lass uns später einmal überlegen, wie du deine Finanzen besser in Griff bekommen kannst.“

Arbeitsaufgaben

1 **Jugendliche immer häufiger überschuldet**

Bei der Schuldnerberatungsstelle als überschuldet erfasste Bundesbürger

Alter	2020	Veränderung zu 2015 in Prozent
unter 20 Jahre	2907	41,3
20 bis 24 Jahre	34.935	−10,6
25 bis 34 Jahre	150.137	−13,8
35 bis 44 Jahre	153.243	−2,1
45 bis 54 Jahre	119.054	−20,5
55 bis 64 Jahre	83.821	−1,4
65 bis 69 Jahre	21.638	3,9
70 Jahre und mehr	22.266	12,6
Insgesamt	588.000	−9,1

WELT

Quelle: Destatis

Quelle: Eckert, Daniel, Zschäpitz, Holger: Das „Ich zahle später“-Prinzip führt die Jugend in die Schuldenfalle. 07.06.2021. Unter https://www.welt.de/finanzen/article231651845/Ueberschuldung-Die-Jugend-in-der-Schuldenfalle.html [27.02.2023]

a) Analysieren Sie die Grafik „Jugendliche immer häufiger überschuldet“ im Hinblick auf die Verschuldung von Jugendlichen.

b) Erschließen Sie mögliche Ursachen für die Überschuldung von Jugendlichen.

❷ Lösen Sie das Kreuzworträtsel.

1. Finanziert eine Person ihren Konsum durch Aufnahme eines Kredites, so nennt man das …
2. Reicht das Einkommen nicht aus, um Kreditzinsen, Kredittilgung und auch den Lebensunterhalt zu zahlen, dann spricht man von …
3. Eine Ursache für Überschuldung: …
4. Einigung mit einem Gläubiger über Rückzahlung der Schulden: …
5. Organisation, die Hilfestellung gibt bei einer Überschuldung: …
6. Eine Maßnahme, die hilft, einen Überblick über seine Einnahmen und Ausgaben zu erhalten: …
7. Anderes Wort für Kreditgeber: …
8. Regelmäßige Zahlungen für einen Kredit: …
9. Monatlich anfallende Ausgaben zur Bezahlung der Wohnung: …

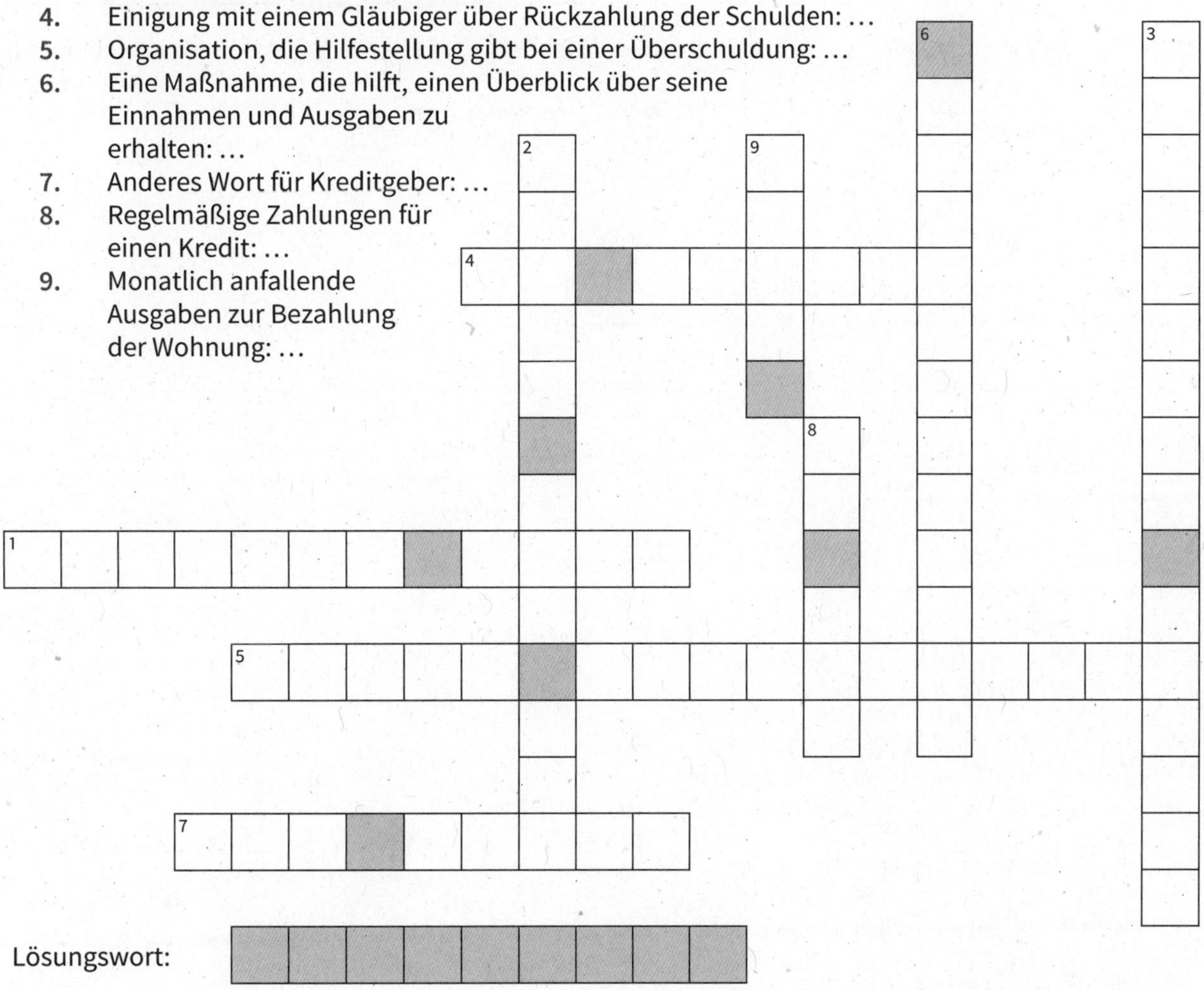

Lösungswort:

S. 166-

3 Marius führt regelmäßig ein Haushaltsbuch. Im letzten Monat hat er es versäumt, seine Belege nach Einnahmen und Ausgaben zu sortieren und einen Saldo zu berechnen.

a) Helfen Sie Marius, das Haushaltsbuch zu erstellen.

Miete	650,00 €	Tankbeleg	85,00 €
Beitrag Fitnessstudio	35,00 €	Übertrag Vormonat	+ 120,00 €
Zinsen Sparguthaben	8,50 €	Versicherungen	285,00 €
Einkauf Supermarkt	104,30 €	Ausbildungsgehalt	1.200,00 €
Reparatur Auto	340,00 €	Restaurantbesuch	40,00 €
Kreditzinsen und Tilgung	85,00 €	Unterstützung durch Eltern	250,00 €

Ausgaben in €	Einnahmen in €

b) Bewerten Sie das Ergebnis des Haushaltsbuches und geben Sie Marius eine Rückmeldung

. 168

11.4 Rechtsgeschäfte

Einstiegssituation

Vanessa und Finn, Auszubildende des Dachdeckerbetriebes Detlef Schmitz KG, bekommen täglich mit, dass Dachdeckermeister Schmitz neben allen praktischen Arbeiten auch viele Verträge abschließt. Oft gibt es dabei Ärger und Unklarheiten. Deshalb ist es wichtig, dass sich ihr Chef auch bei rechtlichen Fragen auskennt. Sie finden es gut, dass sie im WiSo-Unterricht rechtliche Grundlagen kennenlernen.

Arbeitsaufgaben

1. Entscheiden Sie in den nachfolgenden Fällen, ob es sich um eine Willenserklärung im rechtlichen Sinn handelt. Begründen Sie kurz Ihre Entscheidung.

Luisa steigt in den Bus der Linie 838, der zum Bahnhof fährt.	
Die Kassiererin zieht die auf das Band gelegte Ware über den Scanner.	
Mohamed sagt zu seinem Freund Noah: „Ich verspreche dir, dass ich dir morgen deinen Roller repariere."	
Da der Roller eine Woche später immer noch nicht repariert ist, beauftragt Noah eine Werkstatt mit der Reparatur.	
Laura erhält per WhatsApp eine Einladung zu einer Geburtstagsfeier. Freudig nimmt sie die Einladung an.	
Ahmed schickt online eine Bestellung ab.	

S. 169–

❷ Vervollständigen Sie die nachfolgende Übersicht:

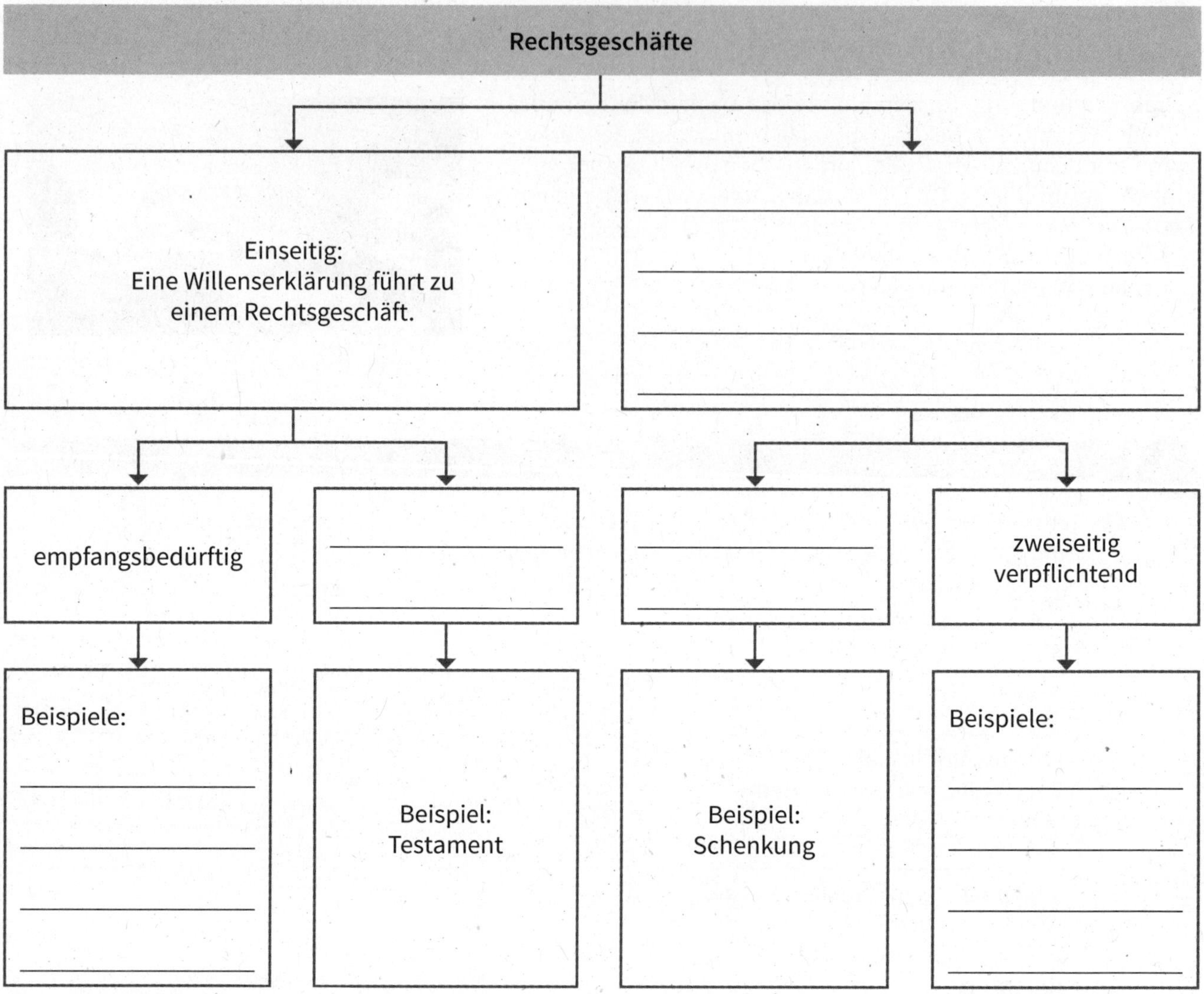

❸ Finden Sie zu den nachfolgenden Fällen aus dem Leben von Verbrauchern eine rechtliche Lösung. Ziehen Sie dazu die rechtlichen Vorschriften aus dem BGB hinzu.

§

§ 117 BGB Scheingeschäft
(1) Wird eine Willenserklärung, die einem anderen gegenüber abzugeben ist, mit dessen Einverständnis nur zum Schein abgegeben, so ist sie nichtig.
(2) Wird durch ein Scheingeschäft ein anderes Rechtsgeschäft verdeckt, so finden die für das verdeckte Rechtsgeschäft geltenden Vorschriften Anwendung. […]

§ 120 BGB Anfechtbarkeit wegen falscher Übermittlung
Eine Willenserklärung, welche durch die zur Übermittlung verwendete Person oder Einrichtung unrichtig übermittelt worden ist, kann unter der gleichen Voraussetzung angefochten werden wie nach § 119 eine irrtümlich abgegebene Willenserklärung. […]

§ 123 BGB Anfechtbarkeit wegen Täuschung oder Drohung
(1) Wer zur Abgabe einer Willenserklärung durch arglistige Täuschung oder widerrechtlich durch Drohung bestimmt worden ist, kann die Erklärung anfechten.

(2) Hat ein Dritter die Täuschung verübt, so ist eine Erklärung, die einem anderen gegenüber abzugeben war, nur dann anfechtbar, wenn dieser die Täuschung kannte oder kennen musste. Soweit ein anderer als derjenige, welchem gegenüber die Erklärung abzugeben war, aus der Erklärung unmittelbar ein Recht erworben hat, ist die Erklärung ihm gegenüber anfechtbar, wenn er die Täuschung kannte oder kennen musste. [...]

§ 125 BGB Nichtigkeit wegen Formmangels
Ein Rechtsgeschäft, welches der durch Gesetz vorgeschriebenen Form ermangelt, ist nichtig. Der Mangel der durch Rechtsgeschäft bestimmten Form hat im Zweifel gleichfalls Nichtigkeit zur Folge. [...]

§ 138 BGB Sittenwidriges Rechtsgeschäft; Wucher
(1) Ein Rechtsgeschäft, das gegen die guten Sitten verstößt, ist nichtig.
(2) Nichtig ist insbesondere ein Rechtsgeschäft, durch das jemand unter Ausbeutung der Zwangslage, der Unerfahrenheit, des Mangels an Urteilsvermögen oder der erheblichen Willensschwäche eines anderen sich oder einem Dritten für eine Leistung Vermögensvorteile versprechen oder gewähren lässt, die in einem auffälligen Missverhältnis zu der Leistung stehen.

Fall 1
An der Haustür bietet ein betrügerischer Verkäufer einem alten Rentnerehepaar einen „echten" Designerteppich zum Preis von 5.000,00 € an und verkauft ihn als echtes Schnäppchen. Ein paar Wochen später erhält das Ehepaar Besuch von einem Freund, der Experte für Teppiche ist. Es stellt sich heraus, dass der gekaufte Teppich eine Fälschung ist und nur einen Wert von maximal 500,00 € hat.

____

____

____

____

Fall 2
Der Auszubildende Lukas hat Ärger mit seinem Ausbilder gehabt, weil er täglich die Werkstatt fegen muss. Außerdem wurde er ermahnt, da er einen Auftrag fehlerhaft ausgeführt hat. Er geht deshalb in das Büro seines Vorgesetzten und kündigt mündlich seinen Ausbildungsvertrag.

____

____

Fall 3
Bei der Ausstellung einer Rechnung für die Renovierung einer Wohnung verschreibt sich Malermeister Esser. Anstatt der vereinbarten 1.800,00 € stellt er dem Auftraggeber nur 1.200,00 € in Rechnung. Dieser freut sich über die günstigere Rechnung und bezahlt sofort.

____

____

____

____

S. 170–

Fall 4
Um Notariatskosten zu sparen, einigen sich die Verkäufer und Käufer eines Hauses darauf, im Notarvertrag nur einen Kaufpreis von 450.000,00 € einzutragen. Der ausgehandelte Kaufpreis beträgt allerdings 550.000,00 €. Den fehlenden Betrag von 100.000,00 € zahlen die Käufer dann bar.

____

____

Fall 5
Die Studentin Maya hat einen Brief ihres Vermieters erhalten. Darin teilt er ihr mit, dass der Preis ihrer Mietwohnung sich um 40 % erhöht, da er das Treppenhaus renoviert hat. Der Vermieter weiß, dass es in einer Stadt mit vielen Studenten eine große Wohnungsknappheit gibt.

____

____

____

____

11.5 Kaufvertrag

Einstiegssituation

Eine zentrale Vertragsart im Wirtschaftsleben ist der Kaufvertrag zwischen Unternehmen, zwischen Unternehmen und privaten Verbrauchern oder zwischen Privatleuten.

Der Dachdeckerbetrieb Detlef Schmitz KG hat z. B. einen Elektrostapler gekauft. Damit der Kaufvertrag rechtssicher zustande kommt und bei nachträglichen Störungen Rechte in Anspruch genommen werden können, ist es wichtig, dass Käufer und Verkäufer sich gut im Kaufvertragsrecht auskennen.

Welches Wissen ist dabei notwendig? Lösen Sie die folgenden Aufgaben.

Arbeitsaufgaben

1. Klären Sie in den nachfolgenden Fällen,
   - von wem ein Antrag ausgeht,
   - wer den Antrag annimmt und,
   - ob ein wirksamer Kaufvertrag zustande gekommen ist.

Fall 1
Beim Surfen im Internet erhält Ayse Werbung für kabellose Kopfhörer. Ihr sagen der Preis und die Bewertung der Kopfhörer zu. Deshalb bestellt sie den Artikel unter der angegebenen Webadresse gegen Rechnung. Nur ein paar Minuten nach ihrer Bestellung erhält sie die Bestätigung durch den Verkäufer.

Antrag: ______________________________

Annahme: ______________________________

Kaufvertrag: ______________________________

Fall 2
Auf eine Anfrage eines Kunden erstellt Schreinermeister Vogel ein Angebot für sechs Stühle, die er auf Lager hat. Der Kunde ist mit dem Angebot einverstanden, reagiert unverzüglich und gibt Schreinermeister Vogel den Auftrag.

Antrag: ______________________________

Annahme: ______________________________

Kaufvertrag: ______________________________

Fall 3
Fall 2 ändert sich in der Hinsicht, dass der Kunde das Angebot nur annehmen möchte, wenn die Schreinerei den Kaufpreis der Stühle um 10 % senkt.

Antrag: ______________________________

2. Antrag: ______________________________

____

Kaufvertrag: ______________________________

Fall 4
Ein Werbeprospekt lockt mit einem Super-Sonderangebot für eine Hantelbank zum Preis von 199,00 €. Clemens begibt sich noch am selben Tag in das Sportgeschäft, um das Sonderangebot zu erwerben. Dort teilt man ihm mit, dass alle reduzierten Geräte ausverkauft seien. Clemens besteht darauf, die Hantelbank zum Sonderpreis zu kaufen.

Antrag: ______________________________

____

Annahme: ______________________________

____

____

____

Kaufvertrag: ______________________________

S. 17

2 Der Dachdeckerbetrieb Detlef Schmitz KG, Schillerweg 24, 70439 Stuttgart, hat bei der Heinrich GmbH, Alte Landstraße 154, 45127 Essen, einen Elektrostapler TYP SX 20 der Marke Marquardt zum Preis von 22.000,00 € gekauft. Zahlung innerhalb von 30 Tagen, bei Zahlung innerhalb von 10 Tagen gewährt die Heinrich GmbH 3 % Skonto. Bei verspäteter Lieferung ist eine Vertragsstrafe von 0,25 % des Kaufpreises festgelegt worden. Als Liefertermin wurde der Zeitraum zwischen dem 01.02.202X und dem 18.02.202X vereinbart. Vertraglicher Erfüllungsort ist für beide Parteien Essen. Gerichtsstand ist für die Detlef Schmitz KG Stuttgart, für die Heinrich GmbH Essen.
Füllen Sie den Kaufvertrag zwischen der Detlef Schmitz KG und der Heinrich GmbH aus.
Beantworten Sie zu dem Kaufvertrag weitere Fragen.

a) Erklären Sie die Bedeutung der Vertragsstrafe für den Käufer.

____

____

____

____

____

b) Erläutern Sie die folgenden Begriffe und recherchieren Sie dazu im Internet.

„Frei Haus“ als Lieferbedingung:

____

____

Eigentumsvorbehalt:

____

____

Erfüllungsort:

____

____

Gerichtsstand:

____

____

Kaufvertrag

Zwischen ....
mit Sitz in
70439 Stuttgart, Schillerweg 24,
– nachfolgend Käufer genannt –

....

mit Sitz in ....
– nachfolgend Verkäufer genannt –
wird folgender Kaufvertrag geschlossen:
Die Parteien sind sich einig, dass dieser Vertrag zum Zwecke des Erwerbs von Waren im gewerblichen Bereich abgeschlossen wird.
Als Grundlage des Kaufvertrags erkennen sowohl Verkäufer als auch Käufer die Bedingungen, wie sie in diesem Vertrag niedergelegt sind, an. Weiterer Bestandteil dieses Vertrags sind die Allgemeinen Geschäftsbedingungen. Diese Allgemeinen Geschäftsbedingungen sind diesem Vertrag als Anlage beigefügt. Es gelten ausschließlich die Vertragsbedingungen des Verkäufers. Die Geschäftsbedingungen des Käufers gelten nicht.

§ 1 Vertragsgegenstand

Vertragsgegenstand ist die Lieferung von insgesamt .... (Menge/Maß) ....

.... (Gegenstand) des Herstellers ....

(Name).

§ 2 Liefertermin

Lieferzeitraum ist vom .... bis zum .... Der Verkäufer verpflichtet sich, die unter § 1 in diesem Vertrag genannte Menge ....

.... (genaue Bezeichnung des Kaufgegenstandes) zu gleichen Teilen innerhalb dieses Zeitraums zu liefern.
Der Käufer seinerseits verpflichtet sich, die Lieferungen bis zum Vertragsende zu den jeweils vereinbarten Terminen anzunehmen.

§ 4 Vertragsstrafen

Kann der Verkäufer die jeweilige Menge nicht liefern oder kann er die Teillieferungen nicht termingerecht ausführen, ist er zur Zahlung einer Vertragsstrafe an den Käufer verpflichtet. Die Vertragsstrafe beträgt pro verspäteten Werktag .... % des Auftragswerts.

§ 5 Kaufpreis

Der Preis beträgt .... €

(in Worten: ....).

S. 174-

§ 6 Zahlungsbedingungen

Der Käufer nimmt die Bezahlung so vor, dass der Betrag spätestens am .... Tag nach Erhalt der Rechnung beim Verkäufer eingeht.

Leistet der Käufer die Zahlung innerhalb von .... Tagen nach Rechnungserhalt, ist er zu einem Skontoabzug in Höhe von .... % berechtigt.

§ 7 Lieferbedingungen

Die Lieferung erfolgt innerhalb Deutschlands „frei Haus" an den in der Bestellung angegebenen Ort.

§ 8 Gewährleistung

Der Verkäufer steht für die Betriebsbereitschaft der hergestellten/gelieferten Ware .... (Verkaufsgegenstand) ein und garantiert die Funktionsfähigkeit nach den vereinbarten technischen Daten.

Die Gewährleistungsfrist beginnt mit der Abnahme der Ware und endet nach Ablauf von zwei Jahren.

§ 9 Eigentumsvorbehalt

Die gelieferte Ware (Vorbehaltsware) bleibt bis zur vollständigen Zahlung aller Forderungen aus diesem Vertrag Eigentum des Verkäufers.

§ 10 Erfüllungsort

Vertraglicher Erfüllungsort für beide Vertragspartner ist ....

§ 11 Gerichtsstand

Als Gerichtsstand vereinbaren beide Vertragspartner ausdrücklich den in den Allgemeinen Geschäftsbedingungen des Verkäufers Nr. 9 unter den AGB genannten Gerichtsstand.

....

Ort, Datum

....

Unterschrift Käufer Unterschrift Verkäufer

3 Der Dachdeckerbetrieb Detlef Schmitz KG wartet am 28.02.202X immer noch auf die Lieferung des Elektrogabelstaplers. Die Heinrich GmbH hat auf Nachfrage zugegeben, dass sie zu viele Aufträge hat und dadurch Termine nicht einhalten konnte.
Da der alte Gabelstapler defekt ist, das Unternehmen aber unbedingt einen Gabelstapler für die Einlagerung und Auslagerung der Dachziegel braucht, hat Detlef Schmitz einen Gabelstapler zu einem Preis von 100,00 € pro Tag gemietet.

a) Prüfen Sie, ob die Heinrich GmbH in Lieferungsverzug geraten ist.

b) Klären Sie den Dachdeckerbetrieb über seine Rechte auf.

4 Am 03.03.202X wird der Elektrogabelstapler endlich geliefert. Doch leider dauert die Freude darüber nicht lange. Schon eine Woche nach Lieferung bricht einer der Gabelzinken aus der Verankerung. Der Schaden lässt sich nur mit einer aufwendigen Reparatur beheben.

a) Prüfen Sie, welche Art von Kaufvertragsstörung vorliegt.

b) Beraten Sie den Dachdeckerbetrieb hinsichtlich seiner Rechte.

S. 182-

11.6 Der Kreditvertrag

Einstiegssituation

Zur Finanzierung des Elektrogabelstaplers hat der Dachdeckermeister Detlef Schmitz bei seiner Hausbank einen Ratenkredit aufgenommen. Auf diese Weise konnte er die notwendige Investition tätigen, ohne selbst kurzfristig über genügend Geld zu verfügen. Als Sicherheit hat er bei der Bank Wertpapiere hinterlegt.

Arbeitsaufgaben

1. Setzen Sie die zutreffenden Fachbegriffe ein: *Girokonto, kündigen, Raten, Tilgung, überziehen, kleinere, teuer, Kredit, zurückzahlen, Zinsen (2x), höher.*

Wenn Unternehmen oder Konsumenten eine größere Summe Geld benötigen, können Sie bei ihrer Bank einen ______________ aufnehmen. Sie müssen diesen Kreditbetrag dann bis zu einem bestimmten vereinbarten Termin ____________________. Meist wird der Betrag nicht in einer Summe, sondern in monatlichen ______________ zurückgezahlt. Man spricht bei der Rückzahlung auch von ______________ eines Kredites. Zusätzlich zahlen die Kreditnehmer den Banken auch ______________ als Gebühr für das Ausleihen des Geldes. Je höher die Kreditsumme und je länger die Laufzeit ist, umso ______________ sind auch die Kreditzinsen.

Verfügt ein Bankkunde über ein ________________, auf das regelmäßig Geld fließt, dann räumt die Bank einen Dispokredit ein. Dieser ermöglicht es dem Kunden, das Girokonto bis zu einer bestimmten Grenze zu ________________. Man hat dann mehr Ausgaben als Einnahmen auf dem Konto.

Dies ist eine sehr einfache und praktische Art der Kreditaufnahme. Allerdings ist der Dispokredit auch recht ______________, denn die ______________ liegen höher als bei einem aufgenommenen Kredit. Deshalb wird der Überziehungskredit nur für kurzfristige Geldengpässe und für ______________ Beträge verwendet.

Wird ein Konto über die vereinbarte Dispogrenze ________________, so fallen noch einmal höhere Zinsen an. Das Konto sollte dann zügig durch Gutschriften wieder in den genehmigten Disporahmen zurückkehren. Passiert das nicht, kann eine Bank das Konto ________________.

184

2 Laura kauft zwei Konzertkarten und bezahlt diese mit ihrer Kreditkarte.
Bringen Sie die einzelnen Schritte in die richtige Reihenfolge (1–7):

Das Kreditkartenunternehmen überweist dem Veranstaltungsunternehmen unter Abzug einer Provision den Rechnungsbetrag.	
Dem Kunden/der Kundin wird ein Kreditrahmen eingeräumt.	
Das Kreditkartenunternehmen erhält einmal monatlich eine Überweisung vom Kundenkonto in Höhe des monatlichen Abrechnungsbetrages.	
Das Veranstaltungsunternehmen reicht die Kartenzahlung beim Kreditkartenunternehmen ein.	
Abrechnung der Kreditkartenzahlung monatlich. Das Geld wird am Ende des Monats von dem Konto eingezogen.	
Die Kreditkarte wird von einem Kreditkartenunternehmen oder von einer Bank gegen Zahlung einer Gebühr erworben.	

11.7 Verbraucherschutz

Einstiegssituation

Youssefs Telefon klingelt. Ein angeblicher Microsoft-Mitarbeiter meldet sich und warnt Youssef davor, dass sein PC von einem Virus befallen sei. Er will Youssef überreden, unter seiner Anleitung bestimmte Schritte am PC auszuführen. Youssef ist misstrauisch und beendet sofort das Gespräch.

Bei seiner Recherche bei der Verbraucherzentrale erfährt er Genaueres über die Abzocke durch einen angeblichen Microsoft-Support. Dabei erfährt Youssef, dass die Verbraucherzentrale über viele Betrugsmaschen aufklärt und noch weitere Angebote für den Verbraucherschutz bietet.

Informieren Sie sich über die Dienste des Verbraucherschutzes, in dem Sie die Aufgaben bearbeiten.

Arbeitsaufgaben

1 Ordnen Sie den einzelnen Organisationen für Verbraucherschutz ihre Funktionen/Aufgaben zu.
- Als Stiftung untersucht sie Produkte/Dienstleistungen auf ihre Qualität; Veröffentlichung der Ergebnisse, um Verbraucher/-innen die Kaufentscheidungen zu erleichtern.
- Interessenvertretung gegenüber Politik und Wirtschaft (z. B. Information über Missstände, Verbraucher/-innen vor Gericht vertreten, Stärkung der Verbraucher/-innen)
- regionale Zentralen für Verbraucherschutz, Rat in der Nähe: Beratungen gegen Gebühr, übernehmen gerichtliche Auseinandersetzungen, klären auf (z. B. an Schulen)

S. 187-

Art der Organisation	Funktion/Aufgaben
Bundesverband der Verbraucherzentralen	
Verbraucherzentralen	
Stiftung Warentest	

2 **a)** Analysieren Sie das Schaubild.

Quelle: Bundesverband der Verbraucherzentralen und Verbraucherverbände - Verbraucherzentrale Bundesverband e. V.: Verbraucherschutz schafft Sicherheit. 25.09.2020. Unter https://www.vzbv.de/multimedia/infografik-verbraucherschutz-schafft-sicherheit-1 [23.02.2023]

b) Nennen Sie mögliche Gründe für die Bedeutung des Verbraucherschutzes.

3 Lesen Sie den Text auf der nächsten Seite, um die folgenden Fragen zu beantworten.

a) Beschreiben Sie, wie Verbraucher und Verbraucherinnen durch falsche Kreditversprechen betrogen werden.

b) Erklären Sie an diesem Beispiel die Funktion der Verbraucherzentrale.

c) Recherchieren Sie unter dem Link *https://www.verbraucherzentrale.de/warnungen* nach weiteren aktuellen Fällen, in denen die Verbraucherzentrale tätig wird.

S. 186–

„Warnung: Abzocke mit falschen Kreditwebseiten

Nach Registrierung auf Webseiten erhalten Verbraucher:innen Rechnungen

[...] Mit Werbung in den sozialen Medien sprechen Anbieter gezielt Verbraucher:innen an, die bei den meisten Banken und Sparkassen nur schwer einen Kredit bekommen – Verbraucher:innen mit einem negativen Schufa-Eintrag oder Menschen, die ihren Immobilienkredit nicht mehr bedienen können. Betroffene berichten, wie statt der versprochenen Kreditkarte mit Kreditlimit eine Rechnung über Aufnahmegebühren ins Haus flatterte, direkt gefolgt von Mahnungen und Inkassokosten.

Auf der Suche nach Krediten, die schnell und einfach verfügbar sind, landen Verbraucher:innen immer wieder auf professionell aussehenden aber betrügerischen Webseiten. Die vorgetäuschten Angebote richten sich gezielt an Personen, die in finanziellen Schwierigkeiten sind, einen negativen Schufa-Eintrag haben oder noch nicht lange in Deutschland leben. Manchmal lockt auch ein zusätzlicher Handyvertrag. Betroffene berichten in den Verbraucherzentralen, dass sie lediglich ihre Daten auf einer Webseite eingetragen haben, um ein unverbindliches Angebot oder eine kostenlose Prepaid-Kreditkarte zu bekommen. Kurze Zeit später erhalten sie dann aber keine Kreditkarte, sondern die erste Rechnung über eine Aufnahmegebühr sowie Entgelte für ein Abo. Die Kosten hierfür betragen bis zu 700 €.

Werden die Rechnungen nicht beglichen, folgen Mahnungen sowie Post von Anwälten mit der Androhung von Gerichtskosten. Eine Kreditkarte oder einen Kredit hat keiner der Verbraucher:innen erhalten.

Kredit trotz negativer Schufa? Angebote gründlich prüfen!

Die Verbraucherzentralen können bei fragwürdigen Rechnungen weiterhelfen. Unkomplizierte Kreditversprechen sollten Verbraucher:innen grundsätzlich misstrauisch machen. Bei finanzieller Notlage sind Schuldnerberatungen eine gute Anlaufstelle. Viele gemeinnützige Träger und Wohlfahrtverbände haben entsprechende Beratungsstellen eingerichtet.

Verbraucherzentralen helfen weiter

Verbraucher:innen, die Hilfe in ihrem individuellen Fall benötigen, sollten die Beratungsangebote der Verbraucherzentralen nutzen, Informationen unter www.verbraucherzentrale.de/beratung. Beschwerden können sie über das Beschwerdeportal der Verbraucherzentralen abgeben."

Quelle: Bundesverband der Verbraucherzentralen und Verbraucherverbände – Verbraucherzentrale Bundesverband e. V.: Warnung: Abzocke mit falschen Kreditwebseiten. Nach Registrierung auf Webseiten erhalten Verbraucher:innen Rechnungen. 16.12.2021. Unter https://www.vzbv.de/pressemitteilungen/warnung-abzocke-mit-falschen-kreditwebseiten [14.02.2023]

92–198

12 Berufliche Entwicklung und Existenzsicherung: Die Unternehmensgründung

12.1 Pflichten und Voraussetzungen für eine Unternehmensgründung: Individuelle, wirtschaftliche, rechtliche Aspekte

Einstiegssituation

Felix hat nur noch wenige Wochen bis zu seiner Abschlussprüfung. Dann ist er endlich ausgebildeter Heizungsbauer. Obwohl er ganz schön nervös ist wegen der Prüfung, freut er sich auf die Zeit danach. Denn kürzlich kam erneut Herr Steudter, der Inhaber von Wärme und Kälte Steudter e. K., zu ihm und fragte ihn, ob er nach seiner Abschlussprüfung bei ihm als Geselle arbeiten und dann im nächsten Jahr seinen Betrieb übernehmen wolle. Mittlerweile kann sich Felix das sehr gut vorstellen.

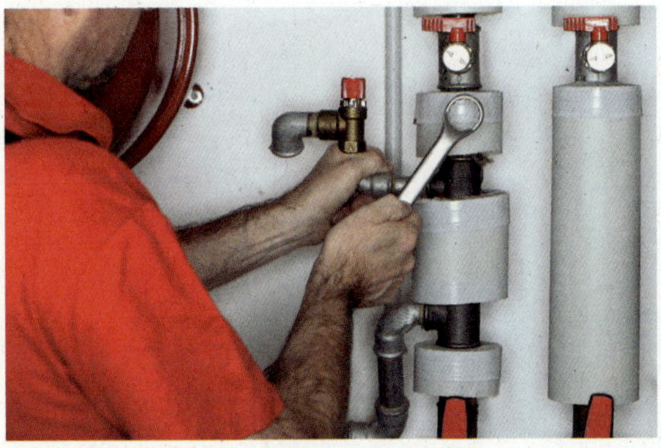

Arbeitsaufgaben

1. Man kann sich selbstständig machen, indem man einen neuen Betrieb gründet oder einen bestehenden übernimmt. Notieren Sie in der folgenden Tabelle jeweils die Vor- und Nachteile.

Weg in die Selbstständigkeit über eine	Vorteile	Nachteile
Betriebsneugründung		

S. 192-

Weg in die Selbstständigkeit über eine	Vorteile	Nachteile
Betriebsübernahme		

2 Definieren Sie den Begriff Standortfaktor.

3 Erläutern Sie den Unterschied zwischen harten und weichen Standortfaktoren.

4 Listen Sie auf, welche Standortfaktoren Ihnen einfallen. Tauschen Sie diese Liste anschließend mit Ihrem Sitznachbarn/Ihrer Sitznachbarin. Unterteilen Sie anschließend die notierten Ergebnisse in harte und weiche Faktoren.

	Hart	Weich

5 Erläutern Sie, was man unter einem Businessplan versteht und welche Punkte darin enthalten sein sollten.

S. 192-

6 Interpretieren Sie die Grafik.

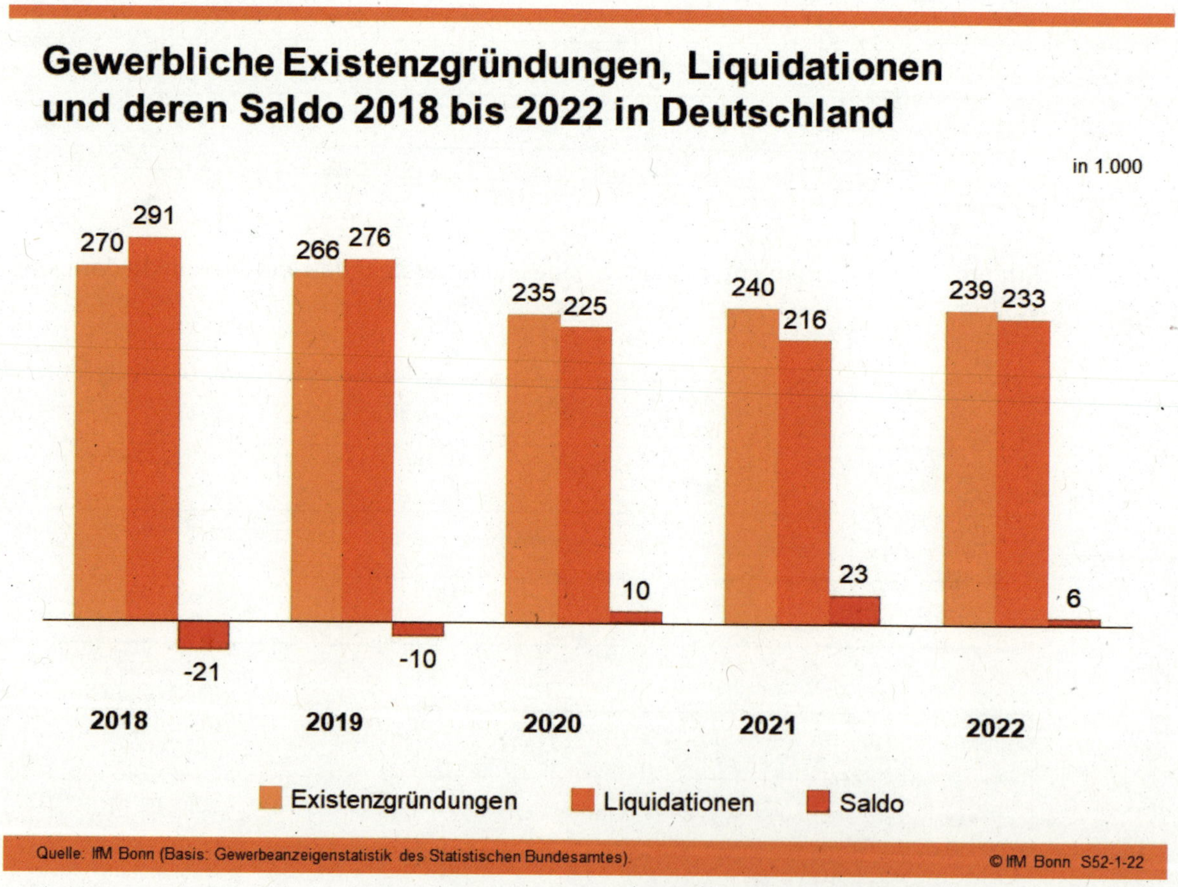

Quelle: Institut für Mittelstandsforschung Bonn: Gewerbliche Existenzgründungen und Liquidationen. Unter https://www.ifm-bonn.org/statistiken/gruendungen-und-unternehmensschliessungen/gewerbliche-existenzgruendungen-und-liquidationen [23.02.2023]

S. 201-

13 Rolle der Bundesrepublik Deutschland in der Weltwirtschaft: Die Auswirkungen der weltwirtschaftlichen Arbeitsteilung

13.1 Betriebliche und gesamtwirtschaftliche Arbeitsteilung

Einstiegssituation

Adelina und Marco sind im 2. Ausbildungsjahr zur Elektronikerin/ zum Elektroniker. Ihr Unternehmen, die Fischer & Berg GmbH, produziert Kabel und Bordnetze für Autos. Es ist ein globales Unternehmen mit Niederlassungen in der Schweiz, Frankreich, Polen, Rumänien und Mexiko.
Adelina und Marco werden zu Beginn ihres dritten Ausbildungsjahres ein zweimonatiges Praktikum in dem Werk in Mexiko machen. Das Unternehmen fördert den Austausch seiner Belegschaft, da auf diese Weise Verständnis für andere Kulturen und auch für andere Arbeitsweisen gefördert wird.
Die beiden Auszubildenden wollen sich auf ihren Auslandsaufenthalt gut vorbereiten und auch gesamtwirtschaftliche Zusammenhänge und Abläufe besser verstehen.
Sie setzen sich deshalb mit den Themen internationale Arbeitsteilung und Globalisierung auseinander. Dabei tauchen verschiedene Fragen und Probleme auf, die zu lösen sind.

Arbeitsaufgaben

1. Erläutern Sie das Prinzip der Arbeitsteilung an einem selbst gewählten Beispiel.

2. Bestimmen Sie für die nachfolgenden Beispiele die jeweilige Art der Arbeitsteilung.

   a) Die Produktion eines Gutes wird in einzelne Arbeitsschritte zerlegt.

b) Offene Grenzen begünstigen diese Art von Arbeitsteilung.

c) Die unterschiedlichen Talente von Menschen führten zur Entstehung unterschiedlicher Berufe.

d) Bevor das Brot auf unseren Tisch kommt, haben an seiner Produktion der Landwirt, der Müller und der Bäcker mitgewirkt.

e) Aus dem Beruf des Tischlers entwickelten sich verschiedene Spezialberufe, wie der Bau- und Möbeltischler.

f) Unterschiedliche Lohnniveaus führen zur Verlagerung der Produktion in Billiglohnländer.

g) Um die Selbstverantwortung und Arbeitszufriedenheit zu erhöhen, werden handwerkliche Arbeitsschritte mit der Fließbandfertigung kombiniert.

3 Autoproduktion früher und heute

Autoproduktion 1931

Autoproduktion 2021

a) Vergleichen Sie die beiden Abbildungen im Hinblick auf die Arbeitszerlegung.

S. 207-

____

____

b) Bewerten Sie die Veränderung im Produktionsprozess im Hinblick auf die menschliche Arbeit.

____

____

____

____

____

____

____

____

13.2 Globalisierung

Einstiegssituation

Mara ist Auszubildende zur Metallbautechnikerin bei der Heuser Metallverarbeitung GmbH. Das Unternehmen hat sich auf medizintechnische Produkte spezialisiert.

Bei der wöchentlichen Teamsitzung erfährt Mara, dass das Unternehmen seit einigen Wochen Engpässe bei der Beschaffung von Rohstoffen hat. In dem Land des Hauptlieferanten ist es zu politischen Unruhen gekommen und der Export des Landes ist zunächst einmal eingestellt worden.

Die Lagervorräte der Heuser Metallverarbeitung GmbH reichen nur noch für 2 Wochen. Sollte der Exportstopp weiter andauern, würde das zu einem Produktionsstopp führen.

Inwieweit bedeutet Globalisierung Chance oder Risiko?

Arbeitsaufgaben

1. Setzen Sie die zutreffenden Fachbegriffe ein: *Digitalisierung, Erfindungen, exportieren, Globalisierung, in Billiglohnländern, Lohnkosten, ohne Beschränkungen, soziale Netzwerke, Wirtschaft.*

Unsere Welt ist in den letzten Jahrzehnten immer stärker zusammengewachsen. Es haben sich in ganz vielen Bereichen enge Verbindungen und Abhängigkeiten über Grenzen hinweg entwickelt. Gesellschaftliche, politische, wirtschaftliche Ereignisse, die in einem Teil der Welt wichtig sind, haben auch Auswirkungen auf andere Teile der Welt. Diesen Prozess zunehmender Verflechtung bezeichnet man als ______________________.

7–212

In der ____________________ hat die Globalisierung eine große Bedeutung gewonnen. Unternehmen importieren Rohstoffe und Produkte, die sie für die eigene Produktion benötigen. Sie erweitern ihren Absatzmarkt, indem sie ihre Waren ins Ausland ____________________. Gefördert wird diese Entwicklung durch einen Freihandel, bei dem Waren ______________________________ ausgetauscht werden können.

Da Produktionskosten und ____________________ weltweit unterschiedlich sind, hat dies dazu geführt, dass Unternehmen ihre Produktionsstätten auslagern. So ist gerade bei westlichen Industrieländern die Tendenz zu beobachten, ihre Produktionsstätten ______________________________ zu verlagern. Diese globale Entwicklung wird kritisch gesehen und führt auch langsam zu einem Umdenken bei den Unternehmen und auch bei Verbrauchern und Verbraucherinnen.

Globalisierung hat noch weitere Dimensionen. Durch die ____________________ haben sich Kommunikationsmöglichkeiten weltweit verbessert. Der Austausch zwischen Unternehmen und Menschen kann durch ____________________ in Sekunden ablaufen. Auch neue Techniken oder ____________________ verbreiten sich schneller. Aktuelles Beispiel ist der Corona-Impfstoff von BioNTech/Pfizer, einem global tätigen Unternehmen. Seit Dezember 2020 wurde der Impfstoff zunächst in Europa, dann weltweit binnen kürzester Zeit verabreicht.

2 **a)** Globalisierung polarisiert und führt zu Diskussionen. Erläutern Sie, welche Kritik in den beiden Abbildungen zum Ausdruck kommt.

____

____

____

____

____

____

S. 207

b) Entwerfen Sie ein eigenes Protestplakat, mit dem Sie auf einer Demonstration auf Risiken der Globalisierung aufmerksam machen.

c) Auf der Demonstration werden Sie von Leuten am Straßenrand angesprochen. Sie wollen von Ihnen wissen, warum Sie die Forderung/Meinung auf Ihrem Plakat vertreten. Formulieren Sie eine überzeugende Antwort.

3 Lesen Sie den unten stehenden Text, um die folgenden Fragen zu beantworten.

Folge von Corona und Krieg – Globalisierung im Wandel

Unternehmen und Staaten reagieren auf die Folgen der Pandemie und des Ukraine-Kriegs. Warum sprechen einige Experten vom Ende der Globalisierung in ihrer bisherigen Form und andere gar von einer Zeitenwende?

Etwa 9000 Kilometer Luftlinie trennen den größten Hafen der Welt in Shanghai vom größten Hafen Europas in Rotterdam. In der globalisierten Wirtschaft scheint eine solche Entfernung nur ein Katzensprung zu sein. Diese Welt allerdings hat Risse bekommen. Der Krieg in der Ukraine stellt Unternehmen vor die Frage, wie sie künftig produzieren wollen – und wo sie ihre Güter einkaufen.

Experten empfehlen Firmen Diversifizierung

„Viele Regionen der Welt besinnen sich jetzt auf ihre eigenen Stärken, auf ihre eigenen Wirtschaftskreisläufe – wollen sich also von der Weltwirtschaft weniger abhängig machen", sagt Martin Lück – er ist Chefanlagestratege beim weltgrößten Vermögensverwalter Blackrock. „Und das löst eine Veränderung in der Globalisierung, wie wir sie kennen, aus."

Wie also sieht die neue Welt der Wirtschaft aus? „Die Unternehmen werden sich verstärkt diversifizieren müssen, sie werden auch regionaler werden in ihrer Produktion, in ihren Lieferbeziehungen", meint Andreas Scheuerle, Ökonom der Deka Bank. „Das ist eine neue Welt."

Ukraine-Krieg verschärft Corona-Entwicklungen

Eine neue Welt, in der wirtschaftliche Abhängigkeiten zu anderen Ländern immer stärker in Frage stehen. Das hat unterschiedliche Gründe. Der Krieg in der Ukraine stellt Handelspartnerschaften in Frage – vor allem diejenigen zu autokratisch regierten Ländern.

Die Frage der Energieversorgung steht aus deutscher Sicht im Fokus – es ist aber nur ein Aspekt einer Entwicklung, die mit der Corona-Pandemie an Fahrt aufgenommen hat. Im Lockdown gerieten die Lieferketten aus dem Takt – wichtige Teile oder Rohstoffe fehlten auf einmal. [...]

Quelle: Schreiber, Sebastian: Folge von Corona und Krieg – Globalisierung im Wandel. 19.04.2022. Unter https://www.tagesschau.de/wirtschaft/weltwirtschaft/globalisierung-corona-krieg-101.html [15.02.2023]

a) Nennen Sie die Ursachen für eine „Globalisierung im Wandel".

____

____

____

____

____

b) Beschreiben Sie die Veränderungen, die zu einer „neuen Welt" führen könnten.

____

____

____

____

____

S. 213

13.3 Möglichkeiten und Grenzen der sozialen Marktwirtschaft

Einstiegssituation

Im WiSo-Unterricht haben Adelina und Marco gelernt, dass Deutschland die Wirtschaftsform der sozialen Marktwirtschaft hat. Das Wirtschaftssystem Mexikos unterscheidet sich von dem Deutschlands. Die beiden Auszubildenden wollen sich inhaltlich noch einmal genau darüber informieren, was soziale Marktwirtschaft bedeutet.

Arbeitsaufgaben

1. Erläutern Sie die Grundzüge einer freien Marktwirtschaft und tragen Sie diese in die nachfolgende Tabelle ein.

Freie Preisbildung	Privateigentum	Wettbewerb	Staat

2. Die soziale Marktwirtschaft ist die Wirtschaftsordnung der Bundesrepublik Deutschland. Sie nimmt die Marktwirtschaft als Grundlage und ergänzt sie um soziale Elemente. Damit will sie für Chancengleichheit und für Wohlstand sorgen.

   Beschreiben Sie am Beispiel der
   - Sozialpolitik und
   - Steuerpolitik

   die soziale Ausrichtung unserer Wirtschaftsordnung.

   Sozialpolitik:

Steuerpolitik:

3 Lösen Sie das Kreuzworträtsel zum Thema „(soziale) Marktwirtschaft“.

1. Begriff für die Gesamtheit der Sozialleistungen: …
2. Grundprinzip der Marktwirtschaft: …
3. Beispiel für ein öffentliches Gut: …
4. Institution, die bei sozialer Ungleichheit eingreift: …
5. Mittel, um Umverteilung zwischen Arm und Reich zu erreichen: …
6. Nachname des Wirtschaftsministers, der als Erster die soziale Marktwirtschaft einführte: …
7. System, das auf 5 Säulen aufbaut und die Gemeinschaft in Notlagen unterstützt: …
8. Zahlung von Zuschüssen an Unternehmen, die zu schwachen Wirtschaftszweigen gehören: …

Lösungswort: F

S. 220

14 Umweltschutz und Nachhaltigkeit

Einstiegssituation

Mit Ihrer Berufsschulklasse besuchen Sie eine Zukunftsmesse, die sich schwerpunktmäßig mit Nachhaltigkeit, Umweltschutz und Klimawandel beschäftigt.

Von Ihrer WiSo-Lehrkraft haben Sie den Auftrag bekommen, sich mit drei Themen der Messe genauer zu beschäftigen und diese dann in der nächsten Stunde vorzutragen. Ihre Auswahl fällt auf die nachfolgenden Schwerpunkte.

Arbeitsaufgaben

1. Betrachten Sie die nachfolgenden Bilder und stellen Sie einen Bezug zum Thema „Nachhaltigkeit" her. Formulieren Sie einen erläuternden Text zu jedem Foto.

20–225

2 Eine Gesellschaft, die auf Nachhaltigkeit ausgerichtet ist und in der Umweltschutz zu einem Leitbild geworden ist, bedarf vieler Veränderungen.
Was kann jeder Einzelne für eine nachhaltige Welt tun?
Erstellen Sie eine Liste von Vorschlägen für die folgenden Gruppen einer Gesellschaft.

Gruppierung	Vorschläge für eine nachhaltige Gesellschaft
Politik 	
Unternehmen 	

S. 220-

Gruppierung	Vorschläge für eine nachhaltige Gesellschaft
Verbraucherinnen und Verbraucher 	

3 Lesen Sie den unten stehenden Text und beantworten Sie die folgenden Fragen.

Umweltbewusstsein – zwischen Idealismus und dem Wunsch nach Selbstentfaltung

Was Umwelt- und Klimaschutz betrifft, besteht ein sehr hohes Problembewusstsein. Jugendliche und junge Erwachsene sind sich klar darüber, dass es um die Lebensgrundlagen und Zukunftsaussichten ihrer eigenen Generation geht. Über Einzelheiten und Zusammenhänge fühlen sie sich jedoch oft unzureichend informiert. Sie bedauern, dass Nachhaltigkeitsthemen in öffentlichen Bildungseinrichtungen nicht den Stellenwert haben, den sie ihrer Meinung nach haben sollten. Das Prinzip, nichts Unnötiges zu konsumieren, akzeptieren sie grundsätzlich – aber sie nehmen im Alltag auch wahr, dass eigene Motive im Widerspruch dazu stehen, etwa der Wunsch, Schönes und Neues zu besitzen. Eine wachsende Wirtschaft sehen sie einerseits als Voraussetzung für ihre eigenen Job- und Einkommenschancen, empfinden sie aber gleichzeitig als Gegensatz zur Notwendigkeit, natürliche Ressourcen zu schonen.

Der ausgeprägte Pragmatismus junger Menschen führt dazu, dass sie sich widersprüchlich verhalten: Hier eine Flugreise, weil sie „die Welt sehen" wollen; da vegetarische oder vegane Ernährung, weil man für das Leid, das Tieren durch die Massentierhaltung zugefügt wird, nicht verantwortlich sein will. Hier neueste Markenkleidung, weil man im Freundeskreis nicht „out" sein will; da die Teilnahme an Onlinekampagnen, weil man für eine nachhaltige Politik eintritt. Hier ein neues Smartphone, weil man ohne moderne Kommunikationstechnologie nicht mithalten kann; dort der Verzicht aufs Auto, weil das gut für die Umwelt und der automobile Individualverkehr sowieso nicht mehr zeitgemäß ist. Die Widersprüche und Grenzen ihres Handelns sind jungen Menschen durchaus bewusst." […]

Quelle: Bundesministerium für Umwelt, Naturschutz und nukleare Sicherheit (BMU): Zukunft? Jugend fragen. April 2018. Unter https://www.bmuv.de/fileadmin/Daten_BMU/Pools/Broschueren/jugendstudie_bf.pdf, S. 13, [15.02.2023]

a) Beschreiben Sie das Dilemma beim Umwelt- und Klimaschutz, in dem sich junge Menschen befinden.

b) „Der ausgeprägte Pragmatismus junger Menschen führt dazu, dass sie sich widersprüchlich verhalten [...].“

Quelle: Bundesministerium für Umwelt, Naturschutz und nukleare Sicherheit (BMU): Zukunft? Jugend fragen. April 2018. Unter https://www.bmuv.de/fileadmin/Daten_BMU/Pools/Broschueren/jugendstudie_bf.pdf, S. 13, [15.02.2023]

Überprüfen Sie, inwieweit Sie selbst das widersprüchliche Verhalten bei sich beobachten können.

S. 228-

15 Digitalisierte Arbeitswelt

15.1 Datenschutz und Datensicherheit im Betrieb

Einstiegssituation

Lucija zeigt Finn ihre vielen Werbe-E-Mails.

Lucija: „Das nervt mich. Besonders, weil die meinen Namen, meine Anschrift, E-Mail und sogar die Handynummer kennen. Denn einige von denen rufen mich auch an."

Finn: „Wenn die so persönliche Daten haben, dann musst du denen diese doch gegeben haben."

Lucija: „Nee. Wann denn?"

Finn: „Hast du nicht mal eine Handyhülle gewonnen bei einer Verlosung im Einkaufszentrum? Was hast du auf das Los geschrieben?"

Lucija: „Ach Mist, da habe ich die Daten ja angegeben. Und nun?"

Sie wissen bereits Einiges über den europäischen Datenschutz. Ermitteln Sie die Möglichkeiten, die Lucija aufgrund der DSGVO hat, indem Sie die Aufgaben bearbeiten.

Arbeitsaufgaben

1. Der Datenschutz ist in der EU durch die Datenschutz-Grundverordnung (kurz: DSGVO) geregelt. Dort werden als „personenbezogene Daten" alle Informationen verstanden, die es ermöglichen, eine natürliche Person zu identifizieren oder identifizierbar zu machen. Weiterhin wird in normale Merkmale und besondere Merkmale unterschieden.
   Nennen Sie zu den beiden Merkmalen jeweils drei Informationen.

   Normale Merkmale:

   ____

   ____

   ____

   ____

   Besondere Merkmale:

   ____

   ____

   ____

   ____

   ____

2 Die DSGVO bezeichnet Menschen, deren personenbezogene Daten erfasst, verarbeitet, gespeichert oder genutzt werden, als Betroffene. Das Gesetz räumt den betroffenen Personen verschiedene Rechte ein. Auf welche Rechte können sich Lucija und Finn in den nachfolgenden Situationen stützen? Ordnen Sie der Situation die folgenden Rechte zu: *Auskunftsrecht, Berichtigungsrecht, Beschwerderecht, Datenübertragungsrecht, Informationsrecht, Löschungsrecht und Widerspruchsrecht.*

Situation	Recht
Lucija ist genervt, dass sie ständig Werbe-E-Mails von ihrem Onlineshop erhält. Sie ärgert sich, den Haken gesetzt zu haben. Sie will beim Onlineshop einkaufen, aber diese E-Mails nicht mehr erhalten.	
Finn wundert sich, dass er regelmäßig Briefe von einem Finanzberatungsunternehmen bekommt. Er würde gerne wissen, was das Unternehmen alles gespeichert hat.	
Das Finanzberatungsunternehmen reagiert nicht auf Finns Brief. Er ist wütend und fragt sich: „Wozu brauchen wir dieses Bürokratiemonster (DSGVO) mit seinen Datenschutzbehörden?“	
Lucija hat in einem Schuhgeschäft bei einer Lotterie mitgemacht. Sie erhält seitdem Angebote für Smartphones. Lucija möchte das nicht mehr und sie will dort auch nie wieder einkaufen. Denn der Webshop wirkt sehr unseriös. Was kann sie tun?	
Finn freut sich: Heute ist der erste Tag im neuen Sportverein. Bevor es losgeht, muss er die Datenschutzerklärung lesen und unterschreiben. Der Trainer sagt zu Finn: „Du hast das Recht, es zu wissen.“	
Lucija fährt zu ihren Eltern. Sie hat einen Brief von der Arbeitsagentur an die Adresse ihrer Eltern erhalten. Auf der Fahrt denkt sie: „Ich muss denen mal meine neue Adresse mitteilen.“	
Finn will den Stromanbieter wechseln. Er scheut sich davor, denn er muss wieder alle Daten neu eingeben. Lucija meint: „Gibt es nicht die Möglichkeit, die Daten vom alten zum neuen Anbieter senden zu lassen?“	

3 Mit der Unterschrift unter einen Ausbildungsvertrag oder Arbeitsvertrag dürfen bestimmte personenbezogene Daten rechtmäßig verarbeitet werden. Das Unternehmen muss keine extra Datenschutzerklärung ausstellen. Nennen Sie fünf Informationen, die in einem Vertrag angegeben werden müssen.

4 Eine unterbrechungsfreie Stromversorgung dient der Datensicherheit. Falls es einen Stromausfall gibt, könnten die Daten noch gesichert werden oder es könnte weitergearbeitet werden. Unterscheiden Sie die beiden Fachbegriffe Datenschutz und Datensicherheit voneinander.

Datenschutz:

S. 236–

Datensicherheit:

15.2 Urheberrecht und digitale Mediennutzung

Einstiegssituation

Lucija hat ein Foto von sich auf einer unbekannten Website entdeckt. Sie zeigt es Finn.

Finn: „Hast du denen erlaubt, dein Foto zu benutzen?“

Lucija: „Nein, ich habe das Foto auf der Website ‚freepix‘ hochgeladen. Ich dachte, da kann ich etwas Geld zusätzlich verdienen.“

Finn: „Hm, dann müssen wir auf der Website von ‚freepix‘ nachlesen, wie sie oder andere dein Foto nutzen dürfen.“

Lucija: „Ich dachte, mich schützt das Urheberrecht und ich kriege Geld für die Nutzung meiner Fotos.“

Sie haben bereits etwas über Urheberrecht, Lizenzen oder Dark Patterns gelesen. Wie genau war das denn mit dem Recht am eigenen Werk? Aktivieren Sie Ihr Wissen, indem Sie die Aufgaben lösen.

Arbeitsaufgaben

1. Das deutsche Urheberrecht schützt den Erfinder oder Urheber vor nicht genehmigter Verwendung seiner Werke. Erklären Sie, was das Urheberrecht unter einem „Werk“ versteht.

38–239

2 Entscheiden Sie, welche Creative-Commons-Lizenz Lucija und Finn für die jeweiligen Fälle verwenden sollten. Schreiben Sie den Buchstaben-Code in die Spalte neben dem Fall.

Fall	CC-Lizenz
Lucija lädt ein Foto hoch. Sie möchte nicht, dass jemand Geld damit verdient. Jeder soll es nutzen dürfen. Andere dürfen es bearbeiten, wenn sie es unter der gleichen Lizenz weitergeben.	CC BY NC SA
Lucija hat ein kleines Gedicht geschrieben. Ihr ist es egal, ob jemand damit Geld verdient. Es darf aber nicht verändert werden.	CC BY ND
Finn möchte, dass seine Präsentation nur heruntergeladen werden darf. Sie soll nur unter Nennung seines Namens weiterverteilt werden. Eine Bearbeitung und wirtschaftliche Nutzung schließt er aus.	CC BY NC ND
Finn hat eine Grafik zum Thema „CC-Lizenz" erstellt. Es darf keiner mit der Grafik Geld verdienen. Jeder kann sie bearbeiten oder teilen, aber muss seinen Namen nennen.	CC BY NC

3 Die Nutzung digitaler Medien bedeutet auch, wachsam zu sein. Denn Kriminelle nutzen jede Möglichkeit, um illegal Geld zu verdienen. Darum ist es wichtig zu wissen, die Methoden zu kennen, die die Kriminellen verwenden.
Vervollständigen Sie die nachfolgende Tabelle, indem Sie kurz die Methode und eine mögliche Schutzmaßnahme beschreiben.

Sie finden die Informationen auf der Website des Bundeskriminalamtes
https://www.bka.de/DE/IhreSicherheit/RichtigesVerhalten/StraftatenImInternet/Spam/spam_node.html.

S. 233-

Methode	Kurzbeschreibung	Schutzmaßnahme
Phishing		
Hoaxes		
Scams		

Bildquellenverzeichnis

Alamy Stock Photo, Abingdon/Oxfordshire: Oliver S. - Editorial 129.1.

Alamy Stock Photo (RMB), Abingdon/Oxfordshire: Masterton, Iain 135.3.

BC GmbH Verlags- und Medien-, Forschungs- und Beratungsgesellschaft, Ingelheim: 39.1, 39.4, 39.5, 39.6, 39.9, 39.10.

fotolia.com, New York: bilderzwerg 39.3; contrastwerkstatt 58.1; ehrenberg-bilder 24.1, 24.3; fotogestoeber 75.1; industrieblick 24.2; Pink Badger 103.2; Race, Dan 116.1; T. Michel 39.12.

Haitzinger, Horst, München: 71.1.

Heinrich Klar Schilder- u. Etikettenfabrik GmbH & Co. KG, Wuppertal: 39.2, 39.7, 39.8.

Imago, Berlin: Wölk, Rüdiger 134.1.

Institut für Mittelstandsforschung (IfM), Bonn: 124.1.

iStockphoto.com, Calgary: MicrovOne 64.1.

Picture-Alliance GmbH, Frankfurt a. M.: akg-images 132.1; dpa/BMW AG 127.2; Geisler-Fotopress/Graf, Patrick 129.2; ZB/Hiekel, M. 54.1; ZB/J. P. Kasper 28.1.

Shutterstock.com, New York: megaflopp 77.1; STEKLO 136.1; Venclova, Audrius 135.1; Visions-AD 102.1.

stock.adobe.com, Dublin: africa-studio.com (Olga Yastremska and Leonid Yastremskiy) 40.1; Biedermann, Robert 59.1; CarlosBarquero 62.1; contrastwerkstatt 3.1, 3.2; DatenschutzStockfoto 140.1; DOC RABE Media 65.1, 68.1; DragonImages 73.1; Drazen 96.1; Dunkhase, Anneke 135.2; goliat&friends 110.1; pixelperfection 9.1; Haertle, Andreas 134.2; Have a nice day 107.1; Heinzel, Benjamin 36.1; Jelena 16.1; Klenova, Natalia 103.1; Kneschke, Robert 135.4; kovalto1 100.1; kues1 49.1; Kzenon 87.1; Ljupco Smokovski 5.1; loreanto 104.1; luismolinero 19.1; malp 101.1; Maskot 83.1; metamorworks 4.1; MQ-Illustrations 11.1, 28.3, 28.4; pattilabelle 126.1; Picasa 28.2; Pituk Titel, Titel; Pixel-Shot 52.1; polinaloves 30.1; Prostock-studio 53.1, 56.1; Pugun & Photo Studio 128.1; Rawpixel.com 9.2; rupbilder 121.1; scharfsinn86 134.3; sitthiphong 138.1; T. Michel 39.11; VRD 103.3; Witt, Volker 81.1; Yingyaipumi 92.1; Zerbor 117.1.

ullstein bild, Berlin: Süddeutsche Zeitung/Scherl 127.1.

Verbraucherzentrale Bundesverband e. V. (vzbv), Berlin: 118.1.

©WELT, Berlin: 104.2.